*Los silencios de Letizia*

JAIME PEÑAFIEL

# *Los silencios de Letizia*

© Jaime Peñafiel Núñez, 2024
© Editorial Almuzara, S. L., 2024

Primera edición: mayo de 2024

Arcopress • Colección Sociedad actual
Dirección editorial: Pilar Pimentel
Edición de Ángeles López y Rebeca Rueda

www.arcopress.com
pedidos@almuzaralibros.com - info@almuzaralibros.com

Editorial Almuzara
Parque Logístico de Córdoba. Ctra. Palma del Río, km 4.
C/8, nave L2, n.º 3, 14005, Córdoba.

Imprime: Romanyà Valls
ISBN: 978-84-10522-55-8
Depósito legal: CO-768-2024
Hecho e impreso en España - *Made and printed in Spain*

# Índice

# Introducción

Tras el éxito de *Letizia y yo*, vuelvo a las librerías con un libro aún más sorprendente. ¿Cuál es el motivo? O mejor dicho, ¿cuáles son los múltiples motivos? Los iré desgranando capítulo a capítulo, ya que han ocurrido muchas cosas en estos meses, en los que Letizia ha vivido con muchísima intensidad... Pero no siguiendo ninguna consigna dictada por el protocolo, sino más bien intentando saborear cada acontecimiento a tragos largos y en copa de balón..., y como mejor ha podido, querido o sabido. Con una pasión y una fuerza que la han sacado de su zona de confort. Puede que le hubiera resultado más fácil quedarse en su cómoda posición, a pesar de las críticas y del posible daño causado en aquellos que la aman —seguramente su marido, el rey Felipe, ha sufrido, aunque sepa disimularlo—, pero es sabido que su perseverancia en desafiar al mundo y a la opinión pública y publicada no tiene límites.

Este texto es una humilde reflexión sobre lo que Letizia puede haber experimentado durante estos meses desde el título anterior, en el que comenzaba hablando de los «ultracrepidianos», o personas que opinan sobre todo sin tener conocimiento del sujeto del que hablan. Cada una de estas páginas va dirigida a ellos, con la esperanza de que conozcan mejor a nuestra protagonista, una mujer cuya vida es diferente a la del resto de los españoles, únicamente por su condición de consorte del actual rey de España.

Por supuesto, escribir sobre Letizia es un ejercicio interiormente inquietante, expresaba quien esto escribe en el prólogo de *Letizia y yo*. Pero también es altamente peligroso. A mí me costó que me despidieran del periódico en el que llevaba colaborando treinta años. Quizá la culpa no fue de ella, sino del director excesivamente cortés de aquel medio, o del hecho de ser más «papista que el papa», o porque sigue siendo una verdad que duele mi repetida máxima: «Valgo más por lo que callo que por lo que cuento». Mucho fue lo que silencié, mientras que solo me hice eco de un 10 % de todo lo que Jaime del Burgo me contó con su permiso para ver la luz. Ahora, mi tocayo anuncia en redes que publicará «toda la verdad sobre su vida, sentimientos y relaciones sexuales con Letizia», pero esa será harina de otro costal, o lo que es lo mismo: uno de los problemas a los que María Dolores Ocaña, la nueva jefa de la secretaría de Letizia y primera mujer en ocupar dicho cargo, tendrá que enfrentarse. Posiblemente, el entendimiento entre ambas en un tema tan delicado sea más fácil de lograr que con su antecesor, el general José Manuel Zuleta.

En definitiva, te ruego, lector, que para ver la realidad salgas de tu propia mente y tus propios estereotipos. La verdad se construye día a día y el demonio se oculta en los detalles, si entrenamos la vista. Solo así podemos comprobar qué se oculta detrás de la toga y el boato para separar el grano de la paja.

Os dejo con estas páginas, escritas desde el respeto, pero también desde la observación de los hechos y la más absoluta de las libertades. Quizá porque, en definitiva, este libro pueda saber más que el propio autor.

# CAPÍTULO 1

## Ser reina en España

Aunque Letizia es semejante a un árbol de corteza dura y sabia abundante, después de lo que ha sucedido en su vida, arrastrando traiciones, infidelidades, engaños y adulterios, todo se ha roto en su mundo. Ya solo le queda el silencio. Es la soledad liberada de la angustia a la que la ha condenado su conducta irresponsable.

Aquella mujer que parecía fría, indestructible y determinante, siempre con la cabeza erguida, hoy se muestra insegura y frágil, aunque se esfuerce en presumir de lo contrario. Posiblemente, el silencio que la envuelve hoy le favorezca para tomarse pausas reflexivas sobre sus actos. Este silencio puede ser el espacio para reflexionar sobre los hechos tan inmoralmente irresponsables que ha vivido y lograr así acallar la mente, que debe estar echando un pulso con su cordura. Es el espacio perfecto para mirarse a sí misma y verse como una hetaira —en el estricto sentido griego de la palabra: mujeres sabias, libres y con gran poder social—, una consorte, que lo es, y como una persona que busca encontrar la paz, la serenidad y el aquietamiento interior.

Porque el silencio mejora la memoria y tiene un potente efecto antiestrés que beneficia nuestro estado emocional. Nos ayuda a vivir la realidad en lugar de perdernos en la mente reviviendo todo aquello que nos ha arruinado la vida. Cierto es que las personas que recurren al silencio suelen ser inmaduras emocionalmente —como Letizia—, acaso de perfil pasivo-agresivo —al igual que ella—, que no saben utilizar otro recurso psicológico para enfrentarse a la desagradable situación en la que los actos eróticos de su pasado la han colocado y recurren al silencio como una forma de controlar y castigar a otras personas, como pueden ser su todavía marido, o su suegra, o sus cuñadas, que tanto la odian.

Aunque el silencio total en el que actualmente se ha refugiado Letizia le puede generar una tensión en el cerebro, capaz de derivar en una inestabilidad emocional que ella interprete una forma de manipulación y agresión psíquica, negando los hechos y atribuyendo la responsabilidad del conflicto a la prensa. Es una especie de luz de gas, ese tipo de violencia sutil y enmascarada en la que vive en un país como España.

¡Qué agradecidas deben estar ella, su familia y la Familia Real con la prensa española, incapaz no de criticar, sino de comentar, como hemos visto, lo de Letizia y sus amores adúlteros, prefiriendo mirar para otro lado guardando un cortesano silencio!

La escritora y compañera Cristina Morató ha reconocido que «desde niñas vivimos creyendo que la vida en la realeza era una vida de ensueño». Y María José

Rubio, en su libro *Reinas de España* (La Esfera de los Libros, 2009), dice:

[...] ser reina, en cualquier caso, implica acomodarse a las circunstancias políticas, a la estrechez del protocolo, a la pérdida de libertades personales, a una ingente carga de responsabilidades y una vida semipública, constantemente observada, juzgada y criticada, muy difícil de soportar. España ha conocido grandes reinas, no siempre bien valoradas por el pueblo y sujetas a este tipo de existencia, que, a juzgar por sus palabras y las de su entorno, causaron ya en su tiempo más compasión que admiración.

Margarita de Austria llegó a decir que «hubiera preferido ser monja en Estiria que ser reina en España»; una frase que María José Rubio nos recuerda en su documentadísimo libro, junto con estas palabras del Dr. Chistian Geleen, médico de cámara de Mariana de Neoburgo, segunda esposa del rey Carlos II de España, de 1667 a 1740, sobre la relación entre la sociedad española y su monarquía: «No hay en el mundo país tan bárbaro como este y que sea tan avieso con sus reyes». A ello sumamos la dura reflexión de Isabel Carlota de Baviera (1652-1722): «Ser reina es en cualquier país del mundo una cosa penosa, pero ser reina en España es lo peor de todo. Vale más ser la más humilde princesa alemana que reina en España». Y más doloroso fue lo que comentó en una ocasión la reina viuda regente: «No puede imaginarse nadie cuánto ni cuántas veces he llorado en mi vida, ni lo sola que solía sentirme cuando mis hijos eran demasiado pequeños para hacerme compañía».

# CAPÍTULO 2

## *«Yo no soy Eva ni Gigi»*

Cuando Felipe se enamoró de aquella presentadora, ignoraba todo de su vida. Desconocía de ella que se casó anteriormente y se había divorciado, o estaba a punto de hacerlo. Tampoco sabía que su madre era una enfermera sindicalista de izquierdas y que su padre trabajaba como técnico de radio (o algo parecido). ¡Ah, y que su abuelo era un taxista comunista!

Hay que reconocer que cierta irresponsabilidad sí que hubo por parte de Felipe al enamorarse de una mujer con tal pasado cuando su abuelo, el conde de Barcelona, siempre le había advertido que una reina no podía tener manchas en su historial.

Es innegable que no la buscaba. El destino dispuso que la encontrara en la televisión, al igual que le sucedió al sultán de Brunei, quien se enamoró de una presentadora mientras la veía en las noticias, tal como le ocurrió al pobre Felipe.

Como estamos hablando del pasado de la reina consorte, como arma arrojadiza, no hay más remedio que recordarlo. A muchos les hubiese gustado que su vida hubiera sido como la de Jesucristo. Que solo existiera a partir de los treinta años. Pues va a ser que no.

Su vida no había sido nada fácil. Sus padres se separaron al día siguiente de que ella se marchara a vivir con Alonso Guerrero, su profesor de Literatura, con el que luego se casaría. Posiblemente estaba cansada de una vida más que modesta en Rivas Vaciamadrid, un suburbio madrileño donde no llegaba ni el metro y donde vivía desde que su padre trajo a la familia, en 1987, desde Oviedo, huyendo de las deudas. Aquella separación la marcó.

Estoy seguro de que, a pesar de su modestísima vida, tenía claro desde el primer momento que ella no iba a ser como las demás cuando conoció a Felipe. Vamos, que de amante ¡nada! No obstante, el príncipe no pretendió en ningún momento que lo fuera, ni un ligue, ni mucho menos una «amiga entrañable», como las de su padre.

Para ponerlo a prueba, Letizia decidió marcharse a Santo Domingo para cubrir la XII Cumbre Iberoamericana para televisión en 2002. Su vida amorosa era francamente complicada: separada de su marido, Alonso Guerrero; en crisis con su novio, el periodista David Tejera, del que estaba embarazada, amén de otro novio, Jim Russo, y en este *totum revolutum* no dejamos atrás a Jaime del Burgo, ¡siempre a su lado!, un hombre sin duda importante en su vida, como ya vimos en mi anterior libro *Letizia y yo...* Y en mitad de esta vorágine sentimental, se enamora de un príncipe de verdad. ¡Para volverse loca! Pero ¿qué culpa tenía ella de haberse enamorado de un príncipe y éste de una periodista divorciada?

Letizia, consciente de todas las dificultades que envolvían a la relación, decidió poner, otra vez, tierra, mar y aire de por medio, y se marchó, el 9 de noviembre, de nuevo de viaje; esta vez, a Costa Rica. No por motivos profesionales, sino íntimamente personales. Pensaba que la distancia aclararía en uno u otro sentido la situación que estaba viviendo.

Fue una estrategia, porque aquella ausencia supuso un auténtico tormento para el enamoradísimo Felipe, quien concibió la distancia como el peor de los males, llegando a entender a Lope de Vega cuando dijo que «el principio de la ausencia es como el fin de la vida».

Si con aquella separación Letizia había pretendido comprobar si el amor del príncipe era tal como le aseguraba, un amor total, no se equivocó.

Mandona y manipuladora, al regreso de Costa Rica, fue ella, consciente de que lo tenía «en el bote», quien, encima, puso las cartas sobre la mesa: si iban a salir juntos, no podía enterarse nadie, absolutamente nadie. No se trataba del prestigio de la Corona, sino del suyo propio. «Yo no soy Eva ni Gigi», le dijo. Si la prensa publicaba algo, cortaría por lo sano. ¡Vaya con la moza!

Y fue en el humilde piso que Letizia había comprado dos años atrás en Valdebernardo, Vicálvaro, donde comenzaron a sentirse más seguros. En aquel apartamento de dos habitaciones («Toda mi casa cabe en tu dormitorio», llegó a decirle Letizia a Felipe), al que la periodista no quiso invitar jamás a nadie porque le daba vergüenza, se consolidó aquel amor. A Felipe, en cambio, para tener encuentros íntimos con ella, no le importaba que el piso fuera modesto o pobre. Y a Letizia lo cierto es que tampoco.

En la intimidad de su dormitorio, y en aquella única cama, le pudo hablar (o, a lo peor, no) sobre sus experiencias en Guadalajara, de su relación sentimental con el subdirector del periódico *Siglo XXI* o de su amistad con su compañero Fran Ruiz. Y tal vez le contara además que, para ayudarse económicamente, no le importó trabajar como azafata de una marca de cigarrillos que ofrecía por las calles de la ciudad mexicana vestida con los colores de la cajetilla: blanca la blusa y rojos el pañuelo y el bolso. El buenazo de Felipe lo vio como un mérito, y a ella, como una mujer luchadora. Posiblemente también le pudo mencionar el polémico retrato en *topless* que le pintó el mexicano Waldo Saavedra, aunque ella negó haber posado con los pechos al aire. Sin embargo, el cuadro existe, a pesar de los esfuerzos del Gobierno español para que desapareciera en vísperas de la boda real.

Durante su estancia en Guadalajara, viajó a Estados Unidos para encontrarse con el mencionado amante Jim Russo, periodista de EFE. Al regreso a España, decidió casarse con Alonso Guerrero, pero, como sucede en muchas parejas que han convivido sin casarse durante mucho tiempo, cuando deciden contraer matrimonio, todo fracasa. Aquello acabó en divorcio. Y Letizia estuvo libre para convertirse, al casarse con el príncipe Felipe, en la primera princesa de Asturias divorciada y, posteriormente, en reina consorte, estrenando también la etiqueta de «divorciada», de familia republicana y agnóstica. El 22 de mayo de

2004, la boda religiosa se celebra en el altar mayor de la catedral de la Almudena de Madrid. Se dio la curiosa circunstancia de que su primera boda, el 7 de agosto de 1998, con el profesor Alonso Guerrero, por lo civil, tuvo lugar en el salón de plenos del Ayuntamiento de Almendralejo ante una fotografía de los reyes de España. En la segunda boda, ante los reyes de verdad, que pasarían a ser sus reales suegros.

El 7 de agosto de ese año 1998, Letizia se convertía en la esposa breve de Alonso Guerrero. El 22 de mayo de 2004, en la princesa de Asturias y futura reina consorte de España.

# CAPÍTULO 3

## *«Nadie lo sabía»*

«Visto con perspectiva, me atrevería a asegurar que nadie sabía, ni siquiera sus padres, que Letizia Ortiz Rocasolano se iba a convertir en princesa de Asturias», comentaba David Rocasolano, su primo. Sucedió imprevisiblemente la metamorfosis de «la gran mormón», la mariposa gigante cuyas hembras son polimórficas. Lo cierto es que Letizia ya había empezado a volverse muy recelosa y reservada. Confiaba tan poco en la discreción de su familia que ni siquiera le había confesado a su madre que el anuncio del compromiso iba a producirse, por mucho que Paloma haya presumido después de ser la mayor confidente de su hija. Tampoco lo sabían Telma y Erika, sus hermanas. Ni, por supuesto, Chus.

Para mi sorpresa, en toda aquella confusión de comentarios, revelaciones, noticias y más noticias, vi en un canal de televisión, concretamente en Telecinco, el anuncio de unas declaraciones de Jesús Ortiz, el padre de la conocida periodista. Decía que el compromiso de su hija con don Felipe lo llenaba de felicidad y que era «ilusionante como mínimo». Describió a su hija como «una persona cariñosa, entregada, perfeccionista, aficionada a todo lo que tenga que ver con la cultura y con la literatura». «Es una lectora empedernida», concluyó. Y declaró asimismo que conocía el compromiso desde hacía poco tiempo, ya que la decisión se había tomado «con muchísima discreción». Finalmente, comentó que su hija era «muy responsable» y que tenía la cabeza «bien amueblada». La inesperada falta de discreción de Chus deja patente el porqué de la desconfianza de Letizia sobre la prudencia de los suyos...

El *speech* de mi tío fue breve, tenía experiencia y se le notaba. No se dejó amedrentar y todo eran alabanzas y buenas palabras... Pero cometió un error grave. El error no era la duda. El error fue no mantener el silencio sobre la vida de su hija que ella le exigía. Porque la consigna para toda la familia era el silencio. Nadie más que ella podía moldear su vida y decidir lo que se va a decir a la opinión pública. «Vaya cabreo que se va a coger Letizia», me comento Patricia.

Estas revelaciones de David Rocasolano en su libro *Adiós, princesa* (Ediciones Akal, 2013) demuestran lo controladora que era entonces Letizia. No le perdonó nunca a su padre que hablara de ella, cosa muy lógica y natural. En el caso de sus hermanas, fue incluso más estricta: no es que les prohibiera hacer declaraciones o comentarios, sino que ni tan siquiera permitía que se dejasen fotografiar. Si aparecían en alguna revista, las llamaba y les echaba la bronca. Telma solía mandarla a la mierda. Erika, la pobre, callaba y sufría.

En cuanto a David Rocasolano, tampoco se libró del autoritario carácter de su prima cuando ésta le prohibió que tomara fotografías a su propio hijo en una de las visitas que hicieron a la Familia Real en Zarzuela.

# CAPÍTULO 4

## Las reinas de España también pueden ser ligeras de cascos

Dieciocho han sido las reinas borbónicas de España desde María Luisa Gabriela de Saboya y Orleans, primera esposa de Felipe V, el primer rey Borbón de España. A ésta la sucedió Isabel de Farnesio, segunda esposa de este mismo rey. La tercera fue Luisa Isabel de Orleans, esposa de Luis I; la cuarta, María Bárbara de Braganza, esposa de Fernando VI; la quinta, María Amalia de Sajonia, esposa de Carlos III; la sexta, María Luisa de Parma, esposa de Carlos IV. Julia Bonaparte fue excepción como séptima reina de España, esposa no de un Borbón, sino de José I, hermano de Napoleón. La octava, María Antonia de Borbón Lorena, primera esposa de Fernando VII; la novena, Isabel Braganza y Borbón, su segunda esposa, y la décima, María Josefa de Sajonia, la tercera. Aún habría una cuarta, María Cristina de Borbón Dos Sicilias, la undécima reina de España. La duodécima sería la polémica Isabel II, esposa de Francisco de Asís Borbón, a quien siguieron María Victoria del Pozzo, esposa de Amadeo; María de las Mercedes de Orleans Borbón, primera esposa de Alfonso XII; María Cristina, la segunda; Victoria Eugenia de Battenberg, esposa de Alfonso XIII; Sofía, de Juan Carlos, y Letizia, la última, de Felipe VI, quien además ha asegurado la continuidad dinástica con el nacimiento de Leonor, la actual princesa de Asturias. Todas ellas fueron consortes, como Letizia, a excepción de Isabel II.

Todos los avatares de la actual consorte real serán contemplados en estas páginas en su doble vertiente: particular y pública, humana y oficial, por la trascendencia de sus actos en el devenir de la historia patria.

Todas ellas han sido protagonistas de interesantísimos libros, como el de Enrique Junceda Avello, *Ginecología y vida íntima de las reinas de España* (Temas de Hoy, 1992), que permite descubrir no solamente la vida sexual de las soberanas borbonas, sino la triste condición de las mujeres de los reyes convertidas en puros laboratorios de descendencia; una tarea en la que perdían la salud a edad muy temprana por falta de madurez para la concepción, problemas en los postpartos, mortalidad infantil y desnutrición por nodrizas mal alimentadas.

También es muy recomendable *Los reyes infieles*, de José María Solé (La Esfera de los Libros, 2005), que versa sobre la historia de los bastardos conocidos, amantes insaciables y reinas enloquecidas por el deseo carnal. «¿Están hechos los príncipes de la misma carne que los humanos?», se preguntaba Louis de Rouvroy, duque de Saint Simon.

De esta sincera y desvergonzada manera relata el rey Carlos III cómo hacía el amor con su esposa:

Nos acostamos a las nueve y temblábamos los dos, pero empezamos a besarnos y en seguida estuve listo y empecé, y al cabo de un cuarto de hora la rompí, y en esta ocasión no pudimos derramar ninguno de los dos; más tarde, a las tres de la madrugada, volví a empezar y derramamos los dos al mismo tiempo, y desde entonces hemos seguido así, dos veces por noche, excepto aquella noche en la que, como tuvimos que levantarnos a las cuatro de la mañana, solo pude hacerlo una vez, y seguro que hubiera podido y podría hacerlo muchas más veces, pero me aguanto por las razones que me dieron, y diré también que siempre derramamos al mismo tiempo porque el uno espera al otro...

También es oportuno mencionar aquí la indignación de Carlos IV, debido a la cortedad de entendederas de su hijo, Fernando VII, quien iba a sucederlo en el trono y que le había manifestado lo siguiente:

Celebro casarme con alguien que nunca podrá engañarme ni cometer adulterio, porque soy un príncipe y, por lo tanto, diferente a los demás hombres que no pueden casarse con princesas, sino con vulgares y corrientes mujeres que les engañan.

No pudo dominarse y se limitó a mirar a su heredero con tristeza, para a continuación decirle: «Hijo mío, pero qué imbécil eres. Las princesas y las reinas también pueden ser putas».

Luego resultaría que la esposa de ese hijo sería la reina más puta que ha habido en la historia de la monarquía española. En la relación de amantes, hay nombres como Ruiz de Arana, Puigmolto, Miguel Tenorio, Tirso Obregón, Carlos Marfori, José Ramiro de la Puente y José Haltann.

En cierta ocasión, el rey caminaba por los corredores de palacio seguido a pocos pasos por la reina y su amante, que debían hallarse enzarzados en una vehemente discusión en tono bajo. En un momento dado, el amante, enfurecido por algo que la reina le había recriminado, le había soltado un guantazo al mejor estilo clásico. Al escuchar tal ruido, el siempre distraído marido cornudo se había vuelto para preguntar el motivo. Ella, con la más absoluta frialdad, le habría respondido que había sido un libro que se le había caído al suelo.

Otra historia de infidelidades reales estuvo protagonizada por la reina y un guardia de Corps con quien se acostaba y con el que entraría en sugerentes interpretaciones sadomasoquistas en las que intervendrían encierros durante horas en una habitación, bofetadas, golpes, patadas que a ambos parecían satisfacer. Todo el mundo lo sabía, todo el mundo, menos él.

Y qué decir de Isabel II, aquella reina que, después de algunas historias de tono menor, tuvo como primer amante a un guapo y ambicioso militar, Francisco Serrano y Domínguez, del que se enamoró por completo y al que en público no se privaba de hacerle mimos y llamarlo el General Bonito. Estaba tan prendada de él que se dejaba llevar por el deseo, demostrando que todo le daba igual, pasando por encima de rumores y murmuraciones, queriendo solamente estar al lado de aquel fatuo arrogante.

Y sobre el rey cornudo, el pueblo cantaba:

Que el mundo entero os señala,
la Europa os llama cabrón,
y cabrón repite el eco
en todo el pueblo español.

Y el amante de esta soberana, según Eugenio García Ruiz, exministro de Gobernación, «sacaba fuerza de flaqueza para complacer a la concupiscente reina, nueva Mesalina, siempre sedienta, nunca harta de torpes y libidinosos placeres».

# CAPÍTULO 5

# Mi entrevista con la reina Victoria Eugenia

A propósito de estas dramáticas opiniones, no puedo dejar de recordar a la reina Victoria Eugenia de Battenberg, viuda de Alfonso XIII y exiliada en Lausanna (Suiza), donde la visité exactamente treinta días antes de su muerte, el 15 de abril de 1969. Acababa de cumplirse el primer aniversario de su visita a Madrid, después de treinta y siete años de ausencia, para amadrinar a su biznieto Felipe. Y regresaba, con emoción y sencillez, a la serena y noble ancianidad de los 80 años, pero con su dignidad intacta de reina. Sin embargo, Felipe puede que nunca sepa lo arrepentida que estuvo, hasta su muerte, de haber regresado.

Yo no tenía que haber ido al bautizo, no debí regresar nunca a España, pero mi nieto Juan Carlos me convenció para que fuera la madrina de su hijo, una debilidad que nunca tenía que haberme permitido. ¡Sufrí tanto, tantísimo durante los años que fui reina! Incluso me habilité un saloncito en el Palacio para encerrarme a llorar cuando ya no podía más con las infidelidades y el mal trato que me dispensaba mi marido, genéticamente Borbón. Ya me entiende. Como mi nieto Juan Carlos, a diferencia de mi biznieto Felipe, que es griego de origen alemán, como su madre. Mi marido carecía de sentimientos. No solo hacia mí, sino hacia todo el mundo. Cuando el atentado, el día de nuestra boda, aunque nosotros no sufrimos ninguna lesión, hubo veintitrés muertos y más de cien heridos. Como usted sabrá, se produjo en la calle Mayor, a unos cientos de metros del Palacio Real, donde ya estaba preparado el banquete al que íbamos a asistir y los invitados esperando. Aunque yo le pedí que lo suspendiéramos, él se negó a ello y se celebró como si nada hubiera pasado, con un desprecio total a quienes habían muerto.

El recuerdo de lo cruel y dramático que fue su matrimonio se puso de manifiesto cuando, durante su estancia en Madrid, se negó a entrar en el Palacio Real en el paseo que dimos por los escenarios de su vida como reina. «Aquí fui muy desgraciada», me diría. Tampoco quiso acceder al templo de los Jerónimos, donde se casó el 31 de mayo de 1906: «Aquí empezó todo. Mejor no recordarlo».

# CAPÍTULO 6

## *Nada que ver con Letizia*

Las palabras de Sofía que reproducimos a continuación demuestran la gran diferencia entre ella y Letizia a la hora de asumir el cargo y su destino.

> La dignidad regia es renunciar, siempre, siempre, siempre, a tu interés propio, por el interés general. Para mí, como reina, lo de los demás tiene que ser mucho más importante que lo mío. Una moral de reina es muy exigente. Te obliga al servicio y al sacrificio. Y si una persona quiere reinar, ha de estar dispuesta a servir y a sacrificarse, y pensar muy poco en sí misma. Yo, porque soy reina, no puedo permitirme ser egoísta…, o no estoy para hacer lo que quiero, sino lo que necesiten de mí.

Como vemos, Sofía habla de un compromiso que nada tiene que ver con el de Letizia, quien me recuerda a todas esas reinas de España y otros países cuyas vidas, como la de la consorte española, están llenas de soledades, tristezas, tragedias y fracasos matrimoniales porque convirtieron las relaciones extramatrimoniales en moneda corriente; en algunos casos, generosamente toleradas. Aunque estas relaciones extramatrimoniales llegaron, a veces, a generar serios problemas, como sucedió a la reina Catalina II de Rusia, a María de Rumanía, a Sofía Dorotea de Brunswik, a Carolina Matilde de Gran Bretaña o a Margarita de Valois. Todas ellas, de vida tan «movida» como Letizia. Tampoco podemos olvidar a Paola de Bélgica, con la excepción de que, en este caso, la infidelidad fue mutua.

Donde las dan...

# CAPÍTULO 7

## *«Soy una fulana muy lista»*

Reconozco que los españoles tienen mala memoria. Sí, porque, de lo contrario, recordarían lo que aconteció en casa de Joaquín Sabina la noche en la que Felipe y Letizia acudieron como invitados a cenar días antes de su boda, que, como recordará el lector, tuvo lugar el 22 de mayo de 2004.

Por Sabina siempre he sentido una muy especial simpatía. Primero, porque vivió dos años en mi querida Granada, donde yo nací y donde él se enamoró de la mejor minifalda que se paseaba por la ciudad. También porque compartimos varias «torpezas»: no sabemos manejarnos con las redes sociales (ni nos atrae aprender realmente) y tampoco usamos internet, porque estamos seguros de que las cosas que realmente interesan y merecen la pena acaban publicándose en papel. Si él necesita algo, se lo pide a Jimena; yo, a Carmen. Y estamos muy contentos de no usar apenas ni el móvil ni la televisión.

Aunque no nos frecuentamos, pienso que él siente afecto por mí. Lo dejó claro en los versos que, con el título *Venga esa mano*, me escribió en marzo de 2003. Y la verdad es que parece conocerme muy bien, a juzgar por cómo arranca la letra:

> Aunque valga uno más por lo que calla
> que por el grito a golpe de memoria,
> sabrás que compartir una medalla
> con un tal Baudelaire me sabe a gloria.
> Lo infernal de este curro es dar la talla
> sin ejercer de burro de otra noria,
> dilapidar la renta de un «canalla»
> sin tirar la toalla de su historia.
> Qué tropa: hijos de Sánchez y Borbones.
> Lo dice un trovador republicano
> que sabe de princesas y adicciones.
> Porque te siento próximo y lejano,
> por ritos de la piel con costurones,
> bendito Peñafiel, venga esa mano.

A pesar de que Joaquín confiesa en sus versos que me siente «próximo y lejano», ello no le impide conocer mi obra, ya que me define como «un trovador republicano que sabe de princesas».

Ignoro si Joaquín Sabina era amigo de Felipe y de Letizia. Y si se trataban con frecuencia o se encontraron solo un día, concretamente aquel día. Pero me consta la simpatía que la consorte real sentía por el cantante. «Leti quiere conocerte», le comentó Simoneta Gómez Acebo un día. «Ella tuvo la culpa de que nos viéramos y, además, en mi casa. Les propuse que vinieran a tomar una copa que luego fue cena», me recordaba Joaquín, que vivía en un piso de un típico barrio del centro de Madrid, un museo lleno de libros por todas partes, con primeras ediciones, como la de *Madame Bovary*, y manuscritos de Lorca y Borges, así como cientos de ejemplares dedicados por sus autores.

A ese piso-museo llegaron Felipe y Letizia acompañados de la hija de la infanta Pilar y su entonces marido, José Miguel Fernández Sastrón. De aquella reunión, recuerda Sabina:

> Estuvimos hasta las cuatro de la madrugada. En un momento, Sastrón, que es un gran músico, puso en el tocadiscos el vals que había compuesto dedicado a Letizia. Con un poquito de maldad, en lugar de que fueran los principitos los primeros que bailaran su vals, yo me anticipé y saqué a Leti a bailar.

Era la primera vez que el príncipe y Letizia disfrutaban juntos del Madrid «canalla y republicano». Felipe se quedó un poco sorprendido cuando Sabina le pisó la oportunidad de ser el primero en bailar con su entonces todavía prometida el tema que Sastrón había compuesto para el día de la boda.

Joaquín, con esa repajolera y descarada gracia que tiene, encima lo provocó, gritándole: «¡Oye, Felipe, saca a bailar a mi novia, que le está dando un enorme ataque de cuernos!». «Y el príncipe, que es un caballero, la sacó. Y bailamos el vals nupcial Leti y yo, Felipe y mi novia», recuerda el cantante.

Y mientras bailaban, Letizia le contó a Joaquín un chiste, aunque yo nunca lo había oído, subido de tono sobre ella misma y Estefanía de Mónaco, que acabó reproducido en el libro de memorias *Sabina en carne viva* (Ediciones B, 2006), concretamente en el capítulo «Yo también sé jugarme la boca». ¡Y vive Dios que se la jugó!, porque la indiscreción de Joaquín causó tal disgusto a la experiodista que, desde aquel día, ella jamás ha querido saber de aquella amistad. Cuando fue Leti quien tuvo la culpa, haciendo, con descaro y desvergüenza, el siguiente comentario: «¿Sabes qué diferencia existe entre Estefanía de Mónaco y yo? Que ella folla con un funambulista y yo soy una fulana muy lista». Una confidencia impropia de quien, días después, se casaría con un príncipe que la convertiría, de insolente y vulgar periodista, nada menos que en Su Alteza Real la Princesa de Asturias y, como tal, en futura reina consorte de España.

Creo que, cuando yo reproduje esta sorprendente y provocadora confidencia en mis memorias, le sentó fatal. Desde ese día, no soy bien visto. Aunque sigo pensando que es una chica muy lista que, con un poquito de suerte, puede traernos la tercera república.

República de la que Joaquín Sabina alardeó durante toda la noche, exhibiendo la bandera republicana, sin quitarla de la mesa ni para cenar.

# CAPÍTULO 8

## *Los silencios de Felipe y Letizia*

Los silencios de Letizia eran para mí elocuentemente expresivos de su situación anímica, aunque me sorprendía verla tan tranquila; supongo que la procesión irá por dentro. Como ella sabe que todo el mundo conoce lo sucedido, coincido con Vanessa Guerra, experta en comunicación no verbal, en que «intenta crear conexión y empatía con los asistentes a los actos que protagoniza». Hacía tiempo que no se mostraba tan natural, cercana y simpática. Nada que ver con el rostro serio en la jura de la Constitución de la princesa Leonor. Nadie sabía, salvo ella, el motivo de aquella actitud y de aquel gesto descompuesto que no podía disimular. El sentimiento no consiste ni en el orgullo ni en la humildad, sino en la facultad de disimular la tristeza que le invadía, el miedo que no podía controlar. Ese día, Letizia tenía miedo de su propio miedo. Oscar Wilde decía que «incluso el más valiente de nosotros tiene miedo de sí mismo». Pero ¿cuál era el motivo de ese miedo? Una llamada de Jaime del Burgo advirtiéndole que iba a comenzar a hacer pública la historia de los momentos más escabrosos de sus relaciones, un pasado que podía trastocar no solo el presente del que disfrutaba, sino el futuro de su vida. Y como escribía Ugo Foscolo, no es raro pensar que la reina consorte pudiera «arrepentirse del pasado, ¡y qué pasado el de Letizia!; aburrirse del presente, que no era el caso, y temer el futuro que esta llamada podía alterar». Aquel día avanzaba a ciegas hacia lo incierto con absoluto pavor, ignorando que ese miedo que ese día se había apoderado de ella es lo que Jaime del Burgo pretendía.

Pero a mí lo que me preocupa son los silencios y la actitud pasiva de Felipe. Como si no pasara nada, habiendo pasado tanto. Hay quienes demencialmente piensan que el rey lo sabía todo y que habría consentido… ¡Qué locura! Un pacto de relación abierta, un extraño e increíble acuerdo para un ultracatólico como él, con el fin de salvar un matrimonio que se hundía vertiginosamente, según Marc Villanueva.

Cierto es que los escoltas que protegían a Letizia allá donde fuera y con quien fuera tenían la obligación de informar. Por lo que Felipe tendría que saber que Letizia lo engañaba en tiempo real, puesto que estos escoltas la acompañan cuando tiene actos oficiales y cuando no. Un ejemplo de ello es la fotografía que aparece en mi libro *Letizia y yo* y que me facilitó el propio Jaime del Burgo, donde éste aparece con Letizia en Nueva York en el año 2011, siendo entonces amantes. Ese día, ella iba acompañada de sus fieles escoltas, que, sin duda alguna, pasarían un informe al Ministerio del Interior o a Zarzuela.

Por lo que Felipe queda, guste o no, como un marido engañado. «Si me engañas una vez, tuya es la culpa. Si me engañas dos, la culpa es mía» (Anaxágoras *dixit*). «Además, el hombre es un ser siempre y en todo esencialmente engañoso, sin olvidar el doble placer de engañar al engañoso», dijo Aristófanes. Se puede engañar a todo el mundo, ¡pero no a la verdad!

La pregunta es obligada: ¿cómo tiene que actuar? ¿Como lo está haciendo Felipe? ¿Con frialdad? Por más que trate de olvidar, no es posible. Siempre, siempre estarán, en este caso, las ilusiones perdidas que se vuelven rabiosas contra quien, siendo joven como entonces, ella lo engañó. Una mentira que ha presidido sus relaciones, poniéndole objetivos ideales pero falsos en medio de esa relación. Y Felipe, imaginando cuántas veces Letizia se entregó a él, a Jaime del Burgo. Lo que ahora es demostrado ¿fue alguna vez solo imaginado?

Querida imaginación, lo que amo sobre todo en ti es que no perdonas. ¡Cuidado, estimado Felipe, es la imaginación quien pierde las batallas! Por todo esto, Felipe ha quedado en manos de los que, por los motivos que fuere, no aceptan fácilmente que todo, hasta ahora, ha sido una mentira que el tiempo no puede hundir en el olvido. Ahora lo vemos caminar en la noche como un Orfeo que quisiera salir del infierno donde la traición lo ha hundido. Quiere salir, cierto, pero resulta difícil para quien ha conocido esas profundidades oscuras del alma humana en las que el sexo y el sentimiento se confunden tan caóticamente como en la vida misma, pese a quien pese. Porque el daño no está en el sexo con el que Letizia ha sido infiel a su esposo, sino en el sentimiento despiadado. Lo suyo, lo de Felipe, hoy es el infierno. No para una temporada, aunque tampoco es eterno. Sin una palabra de esperanza religiosa ni metafísica. Para él, durante un tiempo, no habrá consuelo. Solo la vida, este erial, este periodo en el abismo. En su actual vida, machacada y destrozada por los engaños de Letizia, no hay causa última de su desastre sentimental, no hay sitio para el llanto, solo para la vulgar tristeza de un hombre fracasado y maduro.

# CAPÍTULO 9

## El paripé real

En la Semana Santa de abril del 2024, la Familia Real llegó al colmo del paripé, fingimiento, simulación o acto hipócrita para cubrir las apariencias, una especialidad de la Casa de un tiempo a esta parte. Un comportamiento vacío y artificial, más bien coyuntural, para limpiar la imagen tan necesitada por todo lo que ha pasado y está pasando. Dejaos ya de paripés, os lo pido, os lo ruego, porque ofendéis al personal haciendo como si nada hubiera ocurrido.

Ver a Felipe VI, junto con su esposa Letizia y las hijas, Leonor y Sofía, el Sábado Santo, pasadas las cinco de la tarde, frente a la iglesia de la Concepción Real de Calatrava, en plena calle de Alcalá, para ver la procesión del Encuentro, era una imagen familiar difícil de creer. Sobre todo, a Letizia de la mano de Leonor, mientras que Sofía cogía del brazo a su padre.

Nunca se había visto una imagen más entrañable de una familia en un acto tan puramente religioso.

Una vez se produjo el encuentro del Cristo Yacente y la Virgen de la Soledad, Felipe, Letizia y sus hijas siguieron la procesión mientras sonaba el himno nacional y se escuchaban tímidos «¡Viva el rey!».

Cuentan que, una vez finalizado el rito, al que Letizia, nada devota, asiste diplomáticamente y no por gusto, ya que no solo rechaza todo lo que a religión se refiere, sino que a lo largo de todos estos años lo ha demostrado de manera visiblemente ostensible, Felipe se marchó solo a reunirse con unos amigos con los que se había citado previamente; la princesa Leonor y la infanta Sofía, también. En cuanto a Letizia, según los rumores, regresó sola a Zarzuela. La parodia, el paripé familiar, había terminado, demostrando la hoja de ruta a nivel personal no solo de Felipe, sino también de sus hijas con respecto a mamá.

¿Y qué decir del paripé con motivo del viaje oficial a los Países Bajos, de esa imagen del rey tomando por la cintura a su consorte, como si de dos enamorados se tratara, mientras todo el mundo sabía lo que ocurría?

# CAPÍTULO 10

## *Cuando se marchó de Marivent dejando a todos plantados*

Uno de los días inolvidables en que Letizia demostró su genio y carácter tan endiablado sucedió, como ya comenté en mi anterior libro, en el mes de agosto de 2013, cuando toda la Familia Real —los reyes, el entonces príncipe Felipe, Letizia y las hijas— disfrutaba, que es mucho decir, de las vacaciones estivales en Marivent. Mal debía ir el matrimonio para que ella, después de una riña con su marido, decidiera marcharse, dejando plantados a Felipe, a sus hijas y a sus reales suegros, para regresar, en solitario, a Madrid..., ¿y reunirse, posiblemente, con Jaime del Burgo?

Al parecer, Felipe y Letizia habían estipulado con los reyes los días de vacaciones en Palma, ese lugar que Letizia odia tanto. Esta decisión, según una de mis fuentes, saltó por los aires cuando don Juan Carlos pidió a su hijo que se quedara unos días más. Quería disfrutar de sus nietas. El príncipe estuvo de acuerdo. Ella, por supuesto, no. Dijo que se habían comprometido a marcharse un día concreto y que ella, con él o sin él, se iba. Y como lo dijo, lo cumplió, dejando a todos plantados para marcharse en el primer avión de la mañana.

La discusión entre el rey y el príncipe fue tensa y dramática, hasta el extremo de que, en un momento determinado, don Juan Carlos le gritó a su hijo: «¡Felipe, divórciate!».

Hasta el monárquico *ABC* escribía: «El Príncipe de Asturias ha reanudado sus vacaciones tras un paréntesis de cuatro días y en medio de fuertes rumores de crisis matrimonial».

Por su parte, *El Mundo,* con tal motivo, publicó un artículo de Raúl del Pozo, titulado «Avería de los príncipes», que finalizaba así:

Asturiana, rebelde, ambiciosa, menospreciada por el rey y las infantas, se negó a continuar la historia masoquista de las reinas de España. Sigue siendo hermosa, es decir, peligrosa, pero debería saber que su vida privada es una crónica electrónica y que su matrimonio puede tronar por los aires.

Y el historiador Fernando de Meer añadió que «Letizia no tiene derecho a poner mala cara o a enfadarse en público».

Fue entonces cuando, ante la situación del matrimonio, debió tener una bronca monumental tras el incidente catedralicio, y en las altas instancias se hablaba de la posibilidad de un divorcio.

# CAPÍTULO 11

## *Y nada más llegar…, lo echó*

Dicen que el perro es el mejor amigo del hombre, de muchos hombres, de algunos hombres. De lo que no existe la menor duda, por lo que vamos a contar, es de que entre estos no se encuentra Letizia, que debía saber que, a lo largo de la historia de las casas reales, los perros ocuparon siempre su lugar y fueron objeto de preferencia por parte de los soberanos, hasta el punto de que el perro ha sido una figura obligada en los retratos de las familias reales de los grandes pintores de la corte.

En Zarzuela han sido muchos los perros que convivían con la familia. Tantos como veinticinco hace unos años, donde cada miembro tenía el suyo o los suyos. Y de razas diferentes. El entonces príncipe tuvo durante un tiempo a Balu, un *diamond terrier*, y, más tarde, a Pushkin, un *schnauzer*; Elena, a Bruja, un *golden retriever*, y Cristina, a Gringo, un *dachshund* (*teckel*). Pero era don Juan Carlos el que más tenía. Aunque sentía y siente pasión por los *golden,* de los que existían varios ejemplares en el palacio, su preferido siempre fue Arki, un viejo pastor alemán que se llevaba con Boby, un jovencísimo *lhasa apson* de Sofía, más o menos como el regio matrimonio. El *lhasa* es un perro de raza excepcional, procedente del Tíbet, donde están considerados sagrados, pues simbolizan la reencarnación de Buda. También representan, por su fiereza, al león de las culturas orientales, como pudo verse durante la visita que los príncipes de Gales realizaron a Palma de Mallorca en agosto de 1987. En la sesión fotográfica de la pareja británica —Carlos y Diana— con la Familia Real en Marivent, los dos perros se enzarzaron en una violenta pelea que hizo las delicias de los fotógrafos, mientras los reyes se las vieron y desearon para separarlos. El de Sofía, ante la alegría y divertimento de Juan Carlos, se llevó la peor parte.

Este comentario canino viene a colación por la historia de lo sucedido con Letizia y el perro de Felipe. Podría ser una simple anécdota, pero sirve para retratar el carácter violento de la consorte.

Felipe amaba a su perro, un pequeño *schnauzer* negro, hijo de su querido Pushkin, que formó parte de su juventud. Era tal la identificación del perro con su principesco amo que, cuando el animal intuyó que Felipe estaba a punto de marcharse a Estados Unidos para estudiar en Georgetown, empezó a tener problemas de desajustes, vomitando con frecuencia, según Carmen Iglesias, preceptora que fue del príncipe e ilustre directora de la Academia de la Historia. Ello demuestra lo que los perros han significado siempre en la vida de Felipe.

Pues bien, nada más casarse y convertirse Letizia en dueña y señora de la casa, lo primero que hizo fue poner de patitas en la calle al pequeño *schnauzer* de su marido, que tuvo que salir del hogar en aras de la armonía familiar para dormir en el jardín. De entre los 1770 metros del casoplón ¿no podían haberle encontrado al perro un rincón antes que echarlo? ¡Con el frío que hace siempre en los montes de El Pardo!, donde posiblemente lo devorarían las alimañas que pueblan el entorno.

# CAPÍTULO 12

## *Las salidas de tono de Letizia:*
## *«¡Esto no se puede tolerar!»*

Este no es solo un caso aislado. Ha habido muchos, muchísimos más. Incluso sin necesidad del paripé real, sino con luz y taquígrafos. Como sucedió el 4 de abril de 2018 en Palma de Mallorca, después de los oficios litúrgicos del Domingo de Resurrección en la catedral de la capital balear, a los que Letizia se vio obligada a asistir con toda la Familia Real.

A la salida del acto religioso, los nervios le jugaron una mala pasada, hasta el extremo de agredir verbalmente a la reina Sofía cuando ésta pretendía, tan solo, hacerse unas fotografías con sus nietas Leonor y Sofía, a lo que Letizia, airada, se opuso, interponiéndose descaradamente entre el fotógrafo y la reina, que tenía cogidas por los hombros a sus nietas. Ante la violenta actitud de su madre, Leonor apartó con desagradable gesto la mano de su abuela, demostrando que también tiene temperamento. Fue tan bochornosa la escena que incluso se oyó al rey Juan Carlos gritar: «¡Esto no se puede tolerar!», mientras que Felipe, ese buen hombre sin carácter, intentaba mediar con buenas palabras, aunque no se le oyó.

# CAPÍTULO 13

## «¡Vámonos ya!»

Otra escena en la que Letizia se definió a sí misma, demostrando quién es y de qué pasta está hecha, sucedió en abril de 2012, cuando el rey Juan Carlos se encontraba en el hospital madrileño de San José a causa de tres fracturas de cadera. Se las había producido cuando se encontraba de cacería en Botsuana, en compañía de su amante, Corinna Larsen, mientras el país sufría la crisis económica más grande de la democracia.

El rey había sido trasladado desde ese país africano a Madrid en avión privado junto con Corinna, a quien no solo no se le permitió que se quedara en Madrid, sino que fue expulsada de España por la Jefatura de la Casa de Su Majestad.

Días después, recién llegada de Grecia, doña Sofía acudió a visitar a don Juan Carlos en compañía de toda la familia: sus hijas, Elena y Cristina, y el marido de esta última, Iñaki. También fueron el príncipe Felipe y Letizia, que no perdonó el hecho de que no le avisaran de la presencia de los Urdangarin, a los que tanto odia, y tuviera que compartir con ellos, al menos, la sala de espera durante unos minutos. Al parecer, el encuentro fue tan tenso que ni se miraron. Cuando se les informó de que podían pasar a la habitación donde se encontraba encamado don Juan Carlos, se advirtió a Iñaki que no podía entrar, por lo que éste se quedó en la salita. Aunque Letizia acompañó al resto de la familia, indignados ellos, no llegó a entrar, sino que se quedó en el quicio de la puerta. Pasados unos minutos, supongo que cansada ya de la «tierna» escena familiar, con la mano en la cadera, se le oyó gritar, malhumorada: «¡Vámonos ya!».

# CAPÍTULO 14

## *«¡Venga ya! ¡Vámonos de una vez!»*

Durante una de las salidas de compras que la reina Sofía realizaba por Palma de Mallorca en compañía de su nuera —¡sí, en compañía de Letizia!—, en agosto de 2006, visitaron la joyería Rosa Miró en la calle Pas d'en Quint, una pequeña travesía de la zona antigua y comercial de la capital balear, establecimiento que doña Sofía frecuentaba cuando se encontraba en la isla. Mientras la reina curioseaba buscando algún regalo —previsiblemente para su cuñada Ana María, que acababa de cumplir 60 años—, Letizia, que llevaba en los brazos a su hija Leonor, entraba y salía de la tienda. Hasta que, cansada de esperar y de la curiosidad que despertaba entre la gente que circulaba, se asomó a la puerta de la joyería al tiempo que gritaba a la reina: «¡Coño, vámonos ya!».

O no era su día, o estaba disgustada, o sabe dios qué le pasaba. Pero esta actitud, desconsiderada, se volvió a repetir poco después en una tienda de ropa de niños, Apolonia, donde volvió a dirigirse a la reina con mal tono: «¡Vámonos de una puñetera vez!».

Lo que sucedió y me contó quien lo oyó pudo ser, más que una falta de respeto o consideración —que lo era—, ese pelo de la dehesa que, cuando menos esperamos, se le ve. Y lo malo es que en demasiadas ocasiones se le sigue viendo.

# CAPÍTULO 15

## *Aquellas palabras el día de su boda*

No me cabe la menor duda de que Felipe se casó enamorado. Y que enamorado ha estado durante un tiempo. Por ello, resultan ridículas y dramáticamente patéticas las palabras que el buenazo de Felipe pronunció en su banquete de bodas en el Palacio Real, ante 1400 invitados:

> No puedo ni quiero esconderlo, imagino que salta a la vista: soy un hombre feliz. Y tengo la certeza de que esta condición me la da sentir la emoción de ver y protagonizar la realización de un deseo: me he casado con la mujer que amo.

En el presente, ese discurso no sería el mismo. Hoy no existe ni una sola de esas palabras que Felipe pueda pronunciar. Y además, no las reconocería.

Por ello, y parafraseando a Paul Claudel, quien ama y ha amado mucho no perdona fácilmente. Aunque la cámara del perdón ningún hombre sensato —y Felipe lo es en grado sumo— la cierra, pues «perdonar es bella victoria de guerra», como decía Dante Alighieri. De todas formas, ¡qué difícil comprender esta relación adúltera! Y perdonarla, ¡más difícil todavía!

Observándolo, pienso que está aprendiendo a sufrir sin quejarse, sin demostrar que sufre. Está aprendiendo a la fuerza a considerar el dolor sin repugnancia.

# CAPÍTULO 16

# *«¡Coño! ¡Mirad! ¡Si es Jaime!»*

Esta anécdota que expongo a continuación la cuenta David Rocasolano, el primo de Letizia, en su libro *Adiós, princesa*. Sucedió el 3 de noviembre de 2003, en el acto de presentación de su prima ante la prensa en el Palacio de El Pardo y en presencia de las familias Borbón y Ortiz en pleno.

> Y allí estábamos las fieras republicanas de la revolucionaria Asturias en la residencia de Franco y riéndole las gracias al rey [...]. De repente, Juan Carlos reparó en las dos pantallas de plasma que había en el salón. Ambas sintonizaban, con el volumen a cero, un programa rosa sobre la pedida de mano. En aquel momento, gesticula el rostro mudo de Jaime Peñafiel. Para los que no frecuenten la prensa del corazón, Peñafiel es un periodista [...] cortesano que siempre presume de que le pagan más por lo que calla que por lo que dice [...]. Desde el anuncio del compromiso de Felipe con mi prima, Peñafiel

intenta ser el azote de la plebeyización de la casta borbó-
nica. La divorciada y obrera Letizia le pareció siempre
una muy inadecuada futura reina de España. ¿En qué
tiempos vive este hombre? Supongo que Peñafiel pen-
sará que sus escritos causan algún desvelo en Zarzuela.
Se equivoca. En Zarzuela suelen reírse bastante de él.
Es blanco habitual de burdos chascarrillos, sobre todo
por parte de Juan Carlos. Y allí estaba el periodista en
televisión, mudo y enfervorizado, gesticulando feroz en
la pantalla. Juan Carlos se volvió hacia nosotros, familiares todos que lo adoran, y nos dijo:

—¡Coño! ¡Mirad! ¡Si es Jaime!

Y soltó una risotada de malo de película de terror
de la Hammer que fue coreada inmediatamente por los
oligarquitas, los amigos y primos de Felipe que siempre
le llaman jefe.

—¡Jajaja, jefe, jajaja!

# CAPÍTULO 17

# *Letizia y mi salida de* El Mundo

Miguel Ángel Mellado se preguntaba: «¿Ha tenido algo que ver Letizia, doña Letizia, en la metamorfosis crítica del periodista especializado en el irreal mundo de los reyes?». Reconozco humildemente que sí. Aunque nunca ha existido una buena sintonía con ella, hasta el extremo de ser culpable involuntaria de mi salida de *El Mundo,* después de treinta años de colaboración semanal. ¿El motivo? Un comentario inadecuado mío, no en el periódico, sino en un digital, a propósito de los embarazos de la consorte real de la princesa Leonor y la infanta Sofía, y cuya fuente, el CNI, daba toda la credibilidad al tema. Aun así, me sorprendí a mí mismo al referirme a ello cuando tengo por norma no traspasar determinados límites. Mi actual distanciamiento con Jaime del Burgo se debe a que solo he utilizado para la redacción del libro *Letizia y yo* un diez por ciento de la información que, durante meses, me facilitó, por considerarla que invadía no ya solo la privacidad de la relación sentimental que mantuvo con la actual consorte real, sino la intimidad más íntima sobre la que no debía entrar.

Aun así, el director de *El Mundo*, el señor Manso, con una falta total de respeto a mi trayectoria y a mi persona —¿por orden superior?—, y con el peor estilo, decidió prescindir de mi colaboración utilizando la pluma de un colaborador corifeo, baboso y cortesano, Antonio Lucas, para que escribiera un infame artículo contra mí. Personal y profesionalmente hablando. ¿Se puede tener más suficiencia?

Lo mismo que le sucedió a Savater cuando lo echaron de *El País*, un compañero se descolgó con una infamante despedida; en mi caso, uno de *El Mundo* que, en su pobreza intelectual, reconoce cínicamente en su columna: «No tengo por costumbre leer las cosas de Jaime Peñafiel». Aunque luego utiliza los contenidos de mis artículos para criticarme:

En los últimos años, Peñafiel tiene una misión: descuadernar la existencia de Letizia Ortiz, ahora Reina de España, especulando con presuntos secretos de una vida que, en lo íntimo, solo debe razón entre las paredes de su palacio. Peñafiel, qué más da, está seguro de su deber apostólico: abrir un chirlo [?] en el expediente familiar de una mujer que no se adapta a sus criterios de gendarme, sean esos los que sean. Y así justifica el encanallamiento de las acusaciones.

Para no leerme, sabe demasiado del contenido de mis columnas semanales, en las que no me reconozco.

Tras la recepción de los reyes el día de la Jura de la
Constitución de la princesa Leonor, el 31 de octubre
de 2023. Se ha especulado con que Letizia acababa
de enterarse de que Jaime del Burgo publicará la historia de sus relaciones, de ahí su rostro de preocupa-
ción que los medios atribuyeron a síntomas febriles.

La Familia Real de procesiones, siendo la reina agnóstica. Semana Santa 202

Solemne acto de apertura de la XIV Legislatura en 2019.

Desfile de las Fuerzas Armadas en 2019.

Día de la Hispanidad del año 2019.

Letizia, sus hijas, Rajoy y la ministra Cospedal en la Fiesta Nacional de 2017.

Celebración del 40 aniversario de la Fundación Reina Sofía en 2017.

La reina Sofía junto a Letizia, entonces aún princesa de Asturias, en la ceremonia de la Pascua Militar del año 2006.

La reina Letizia durante su discurso en un almuerzo en su honor en 2015.

Letizia visita Suchitoto, El Salvador, el 27 de mayo de 2015.

Letizia, junto con el presidente de México Enrique Peña y su mujer en 2017.

Letizia durante un evento en la fundación de microfinanzas BBVA en 2023.

La primera dama argentina Juliana Awada y la reina Letizia en 2017.

La reina Letizia visita Cartagena, Colombia, en 2023.

Felipe y Letizia, junto con Susana Díaz, en el Foro España-EE. UU. en 2014.

Letizia y Manuela Carmena inauguran la Feria del Libro de Madrid en 2019.

Fotografía oficial de la boda de Felipe y Letizia en 2004.

Los príncipes de Asturias Felipe y Letizia asisten a la boda real de la princesa Victoria de Suecia y Daniel Westling en Estocolmo, en 2010.

La reina Letizia en las Jornadas Europeas del Desarrollo de 2018.

La presidenta de Chile Michelle Bachelet se reúne con los reyes en 2014.

Los todavía príncipes de Asturias junto con César Zumaeta en Perú, en 2010.

Funeral de Adolfo Suárez en la catedral de la Almudena en 2014.

Inauguración del pontificado del papa Francisco el 19 de marzo de 2013.

Angela Merkel recibe a los reyes de España en Berlín en 2014.

Sus Majestades visitan al presidente Macron en París en 2018.

Los reyes, junto a Carmen Calvo y José Guirao, en el Premio Cervantes 2019.

La reina consorte durante la inauguración de
la Feria del Libro de Madrid en 2022.

Vuelvo a Peñafiel: es sonrojante el papelón de correveidile de quien sopla pecados a los micrófonos ajustándose un cinturón moral de dinamita y amenaza con volarlo todo en favor de un estricto sentido de honra, que a saber tú lo que esconde. Cuánto centinela de la decencia inquisitiva. Qué petulancia.

Por mi parte, ningún comentario.

# CAPÍTULO 18

# *Mi salida de* ¡Hola!

Muchos lectores de *¡Hola!* saben que abandoné voluntariamente la revista después de más de veinte años y más de mil entrevistas y reportajes, tan solo dos meses después de la muerte de su director-propietario, Antonio Sánchez Gómez (febrero de 1984). Digamos que por incompatibilidad de caracteres con el heredero y nuevo propietario, el hijo de Sánchez. Y tomé tal decisión de aquel desolador divorcio de la revista de mis amores y mis dolores para salvar lo más valioso de un ser humano: la dignidad personal y profesional.

Si de mi salida de *El Mundo* la «culpable», por decir algo, fue Letizia —aunque más concretamente lo fue mi libro *Letizia y yo* y mis desafortunados comentarios, haciéndome eco de unas confidencias del CNI—, de lo de *¡Hola!* fue Nancy Reagan, la esposa del expresidente de Estados Unidos, difícil de explicar y aún más difícil de entender.

En el mes de marzo de 1984 tuve la oportunidad de asistir, junto con mi compadre Julio Iglesias, a una gala en la Casa Blanca con motivo de la constitución de la Fundación «Princesa Grace». Cuando fui presentado a la señora Reagan, me atreví a solicitar de ella una entrevista para *¡Hola!*, petición que apoyó Julio Iglesias y Betsy Bloomingdale, grandes amigos de la entonces primera dama norteamericana y propietaria esta última de los prestigiosos grandes almacenes. Nancy me prometió que ya tendría noticias de ella a través de la Embajada de los Estados Unidos en Madrid.

Desgraciadamente, aquel télex de la Casa Blanca comunicando la concesión de la entrevista cayó en manos de la esposa del embajador norteamericano, Gaetana, a quien le faltó tiempo para informar de ello a sus dos amigas, Isabel Preysler y Mona Jiménez, quienes, a la muerte de Antonio Sánchez Gómez, habían comenzado a realizar millonarias colaboraciones en *¡Hola!* de la mano del nuevo director, Eduardo, quien intentaba superar sus extraños complejos de «hijo de Sánchez» abriendo la revista y sus cuentas corrientes a una serie de damas de la *jet* que comenzaron a adorarle como al becerro de oro. Aunque, a sus espaldas, lo ridiculizaban llamándolo Edu Bank. Estas eran Carmen Rossi, la citada Isabel, su amiga Mona, la exmarquesa de Varela y otras advenedizas al periodismo del corazón.

No cabía la menor duda de que la pequeña e intrigante embajadora prometió a sus amigas que haría todo lo que estuviera en sus manos, que era mucho, para que la entrevista a la señora Reagan la realizaran ellas y no Jaime Peñafiel. De todo ello estuve informado por el entonces agregado de prensa de la Embajada, Robert Plotkin, escandalizado por lo que estaba viendo sin poder evitarlo.

Pero cuál sería mi desagradable sorpresa cuando fui informado por el nuevo director de *¡Hola!*, Eduardo Sánchez (el pobre fallecería muy joven, cuando yo ya no estaba), de que la señora Reagan había concedido antes que a mí una entrevista a Isabel y a Mona.

Mientras esto sucedía en Madrid, en la capital federal norteamericana la jefa de prensa de la señora Reagan, Sheila Tate, no entendía qué estaba pasando. La primera dama norteamericana, tampoco. Porque ella decía que había concedido la entrevista al amigo de Julio Iglesias y, sin embargo, ahora se encontraba con un cambio no previsto. En lugar de Jaime Peñafiel, la Embajada americana en Madrid les enviaba un télex firmado por el director de *¡Hola!* que comunicaba el trueque y acreditaba para dicha entrevista a dos «reporteras» tan «cualificadas» como eran las señoras Jiménez y Preysler.

Ni el señor Robert Plotkin ni sus colaboradores en la oficina de prensa de la Embajada daban crédito a lo que estaba sucediendo. Y lo más humillante fue que, ante el revuelo diplomático, la señora Jiménez me informó de que estaban dispuestas, generosamente, a compartir la entrevista conmigo. Ante mi negativa, tanto ella como Isabel renunciaron.

# CAPÍTULO 19

## *La señora Reagan tuvo la culpa*

El director de *¡Hola!* no se dio por vencido. Ante mi inflexible actitud de dignidad personal y profesional, no cesó en su empeño de impedir por todos los medios que yo realizara la entrevista concedida de primera mano por la señora Reagan. Y su impresentable actitud contra mí lo llevó a buscar una solución aún más inaceptable: el nepotismo, sustituyendo a esas dos enviadas especiales, que ya habían reservado incluso billete en el Concorde París-Washington, por Carmen Pérez Villota, que, ¡oh, casualidad!, era... su esposa. Lo hacía por primera y única vez en su vida.

El director pensó que, si yo había tenido el valor de oponerme a las dos anteriores damas, no iba a mantener esa actitud al tratarse de su mujer, por la que yo sentía una especial simpatía. Hoy, que él ya no vive, y aunque incluso antes de fallecer de cáncer nos reconciliamos en el despacho de José Bono, entonces ministro de Defensa y amigo de ambos, tengo que reconocer que, a lo peor, sus celos a mi persona le ofuscaron un tanto. Porque un hombre tan inteligente, que lo era, y que después demostró ser un magnífico director, que lo fue, no pudo cometer tanto desatino, tanto atropello, tantas ofensas.

El 17 de mayo yo regresaba a Madrid, después de acompañar a los reyes Juan Carlos y Sofía a la antigua Unión Soviética. Y ese día salía a la calle el número 2047 de *¡Hola!*… En la portada, una gran exclusiva: «Nancy Reagan recibe a *¡Hola!* en la Casa Blanca. Entrevista exclusiva con la primera dama de los Estados Unidos».

Ni pedí ni acepté explicaciones. Me di por vencido y anuncié mi marcha de *¡Hola!*, que no solo había sido mi lugar de trabajo durante veinte años, sino también parte de mi hogar, ya que, durante todo ese tiempo, formé parte de aquella familia, ya que de un negocio familiar se trataba. Con todos los inconvenientes. Solo pedí respeto y silencio durante los días que, por ley, aún debía permanecer en mi puesto de redactor jefe, mientras se negociaba por medio de abogados mi salida.

Reconozco que la guerra había sido desigual. Y el resultado, previsto. En *¡Hola!* no cabíamos los dos. Si alguien tenía que irse, no existía la menor duda de quién. No precisamente el hijo de Sánchez, director, dueño y señor. Aunque no de mi vida, pues siempre he tenido un concepto de la dignidad muy acusado. De lo profesional y, sobre todo, de lo personal. ¡Que Dios me la conserve, pero no me la aumente! Porque vivir con tanta dignidad es muy duro.

# CAPÍTULO 20

## *Hola y adiós*

El 31 de mayo de 1984, solo catorce días después de mi salida de *¡Hola!*, la compañera Carmen Rigalt publicaba en su columna de *Diario 16* el siguiente artículo con el título «Hola y adiós»:

> Es el hombre que más bodas reales ha visto. El que mejor se sabe el número de piedras que llevaba en su diadema nupcial la reina Ana María de Grecia, los metros de tul ilusión que lució Fabiola, los nombres de todas y cada una de las damas de honor que acompañaron hasta el altar a Cristina de Suecia, la edad de los caballos que arrastraban la carroza de la entonces princesa Sofía, la cantidad exacta de lágrimas que derramó Irene de Holanda cuando se desposó con Carlos Hugo tras una rabieta familiar. Y así sucesivamente. Es el único. O sea, Jaime Peñafiel. Su salida fulgurante de la revista *¡Hola!* está siendo muy comentada en todos los mentideros profesionales del país. ¿Quién contará desde ahora las tristezas de los príncipes y «principesas»? ¿Quién

será capaz, como él hizo, de detener un avión en el aeropuerto de Roma para llegar primero con una exclusiva bajo el brazo? ¿Quién le regalará una mantilla española a Farah Diba en agradecimiento a sus largas y cálidas confesiones?

Jaime Peñafiel ha sido durante veinte años el *alma mater* y *pater* de la revista *¡Hola!*

Hoy, justo tres meses después de la muerte de su propietario, Antonio Sánchez Gómez, Jaime, hombre discreto y pacífico, justifica su marcha alegando incompatibilidad de caracteres y simple ejercicio de dignidad personal y profesional. Hola y adiós.

# CAPÍTULO 21

## *Never complain, never explain*

Yo, como Savater, despedido del periódico *El País* después de cuarenta y siete años —en mi caso, treinta años y cinco directores. ¡Cuidado, Manso!—, en realidad, no pensaba escribir nada sobre mi salida de *El Mundo*. *Never complain, never explain*.

Y como él, reconozco que «es un incidente laboral de los que suceden tantos en nuestros días». El director de *El Mundo* y el excompañero cortesano deben saber —lo saben— que, al igual que a Savater, hay cientos de amigos y lectores que lamentan sentidamente la pérdida de mi columna semanal, «lo más leído de "La Otra Crónica"», a juicio del responsable del periódico, así como de mi «jefa» y compañera Emilia Landaluce. Algunos se han dado incluso de baja o han dejado de leerlo. Esto compensa sobradamente lo demás. Pero el paso del tiempo, que suele curarlo todo en la misma medida que lo deteriora, aunque las cicatrices permanezcan para siempre, devuelve la serenidad suficiente para abordar con objetividad, sin rencor, el recuerdo de lo que fue una etapa hermosa y brillante de mi vida profesional.

# CAPÍTULO 22

## *Las capitulaciones matrimoniales ya no sirven*

Jaime del Burgo siempre ha estado presente en la vida de Letizia, al menos en los momentos más significativos, como puede ser el día de su boda, a cuyo acontecimiento estuvo especialmente invitado por el propio príncipe Felipe y del que fue testigo por parte de la novia. Pero, sobre todo, hemos de destacar su presencia, junto a Letizia, cuando se redactaron las capitulaciones matrimoniales entre ella y Felipe, las cuales eran tan importantes por entonces, puesto que en ellas se abordaba el tema de la separación.

En aquella ocasión, y a propósito de la actual situación que viven Felipe y Letizia, Jaime del Burgo le dijo unas palabras, hoy proféticas, a su íntima amiga: «Si te separas, a ti tienen que tratarte mejor que a Lady Di». Era un comentario referente a la tutela de los hijos, que, en caso de una más que posible separación, sobre la que se especula, hoy sería muy diferente, dada la edad tanto de Leonor como de Sofía, quienes deben estar sufriendo por la actual situación de su madre. Pero, sobre todo, por los escandalosos motivos que han conducido a esta lamentable situación.

Aunque Jaime aconsejó a Letizia que no firmara aquellas capitulaciones, Zarzuela le advirtió que tenía que firmarlas tal y como habían sido redactadas. Sin quitar ni añadir nada.

Del Burgo me reconoció que llamó a Felipe, de quien decía que era «un hombre de buen corazón», a quien tampoco le gustaban aquellas capitulaciones que habían sido redactadas por los abogados de la Casa Real y el control del rey Juan Carlos, a quien no le gustaba ni mucho ni poco aquel matrimonio. Inolvidables y premonitorias fueron las palabras que el rey dijo a su hijo cuando éste le comunicó su decisión de casarse con Letizia: «Te vas a cargar la monarquía».

Cierto es que aquellas capitulaciones, por la edad de las infantas, como ya he mencionado, hoy no tendrían efecto alguno en la separación del matrimonio. Y mucho menos las palabras que Jaime del Burgo le dirigió a Letizia en respuesta a las que Felipe le dedicó a su prometida, en caso de que el matrimonio no llegara a buen término: «Yo cuidaría siempre de ti y respetaría tus derechos como madre. Te lo juro». A lo que Jaime le puntualizó: «En caso de que no cumpliera, lo haría yo por él en cuanto al cuidado de tu bienestar».

Letizia acabó firmando las capitulaciones tal y como habían sido redactadas. En ellas se dejó muy claro que tendría su situación resuelta en caso de divorcio: una cuantiosa asignación económica y dos residencias, una de verano y otra de invierno (con servicio, por supuesto). Sin embargo, las capitulaciones no eran tan favorables para ella en el caso de los hijos. ¿Qué ocurriría con ellos? Al respecto, Zarzuela es clara: «La custodia de los hijos sería otorgada al padre, a Felipe, y la Corona seguiría siendo la encargada en exclusiva de su formación».

«Este documento no es ni siquiera legal», le dijo su primo David Rocasolano, abogado de profesión, cuando terminó de leer los cincuenta folios. Según el texto, Letizia renunciaba por completo a la custodia de sus hijos en caso de separación; en cambio, para el abogado, esto únicamente lo podía dictaminar un juez. «Yo que tú, no firmaba. Es nulo de pleno derecho», le advirtió.

Desde entonces han sido muchos los altibajos que ha sufrido el matrimonio, pero ninguno como el de ahora ha sido tan fuerte como para acabar en ruptura. En cualquier caso, el escenario no es el mismo que antaño. En el presente, de querer divorciarse —cosa que no veo muy clara; tal vez recurran a la fórmula de Juan Carlos y Sofía—, serían la princesa y la infanta las que decidirían con quién quedarse.

# CAPÍTULO 23

## Las novias de Felipe

He aquí la relación de novias o presuntas novias de Felipe que Apezarena incluye en su libro *El príncipe* (Plaza y Janés, 2000). No obstante, y como escribe el autor:

> A lo largo de los años prácticamente todas las jóvenes casaderas de las casas reales europeas fueron figurando en una u otra lista, en la que iban entrando cuando llegaban a la mayoría de edad y saliendo cuando se les conocía una relación firme con otro candidato.

De todos modos, con independencia de estas especulaciones sin fundamento, Felipe ha tenido tantas relaciones y aventuras sentimentales ocasionales como su padre. Por supuesto, antes de casarse. Ahí está la gran diferencia entre ambos.

Volvamos a la lista que ofrece el compañero Apezarena: Isabel Sartorius, Tatiana de Liechtenstein, Gigi

Howard, Catalina de Habsburgo, Carolina de Waldburg, Fleur de Würtenberg, Nathalie de sayn-Wittgenstein, Gabriela Sebastian de Erice, Sofhie Ullens von Schooen Whettnall...

Aparte de la relación sentimental con la americana Gigi Howard, escandalosa también fue la aventura que vivió durante su viaje de instrucción en el buque Juan Sebastián Elcano con Miss Ipanema, la brasileña Nancy Venancio, que se despidió de su principesco guardamarina con un amoroso beso público en la boca. Según Apezarena, la muchacha apareció desnuda en *Interviú*. También don Juan Carlos se enamoró apasionadamente de otra brasileña durante la escala del buque escuela en Río. Pero la correspondencia de la joven a Juanito fue interceptada por orden de Franco, quien acabó definitivamente con esa relación.

El gran «corruptor» de Felipe fue, sin duda, el príncipe Haakong Magnus de Noruega, que lo aficionó a las modelos altas y rubias, como Eva Sannum, por la que se volvió loco de amor, hasta el extremo de que a punto estuvo de anunciar su boda. La modelo noruega, con la que el rey obligó a su hijo a romper casi en vísperas del anuncio de su compromiso, fue la decoradora del pabellón en el que han residido Felipe y Letizia durante su etapa de feliz matrimonio. Me imagino que lo decoró pensando que sería su hogar cuando se casara. ¡Mejor le hubiera ido a éste!

Pero, al parecer, Eva Sannun no fue la única modelo de la que se enamoró Felipe. También perdió la cabeza por Jasmeen Ghauri, franco-paquistaní de nacionalidad canadiense, y por Katherine Knudsen, modelo que participó en la Pasarela Cibeles. Con respecto a esta última, dice Apezarena que Felipe, en una escapada a Oslo con su primo Nicolás de Grecia, vivió en el apartamento de la modelo.

En agosto de 1999, el semanario italiano *Novella 2000* publicó unas fotografías del príncipe Felipe en el yate Fortuna en actitud muy cariñosa con una joven rubia muy guapa. Se trataba de Alice Krezjlova, una checa de veintitrés años, estudiante de Filología, que había trabajado como camarera en Flanigan, el restaurante de Puerto Portals, propiedad de Miguel Arias, amigo de Juan Carlos.

# CAPÍTULO 24

## *El loco amor de Felipe por Gigi Howard*

En la vida sentimental de Felipe, su romance con Gigi Howard pasará a la historia como el de la aventura americana. El 13 de abril, que era Jueves Santo, un joven reportero español llamado Carlos Hugo Arriazu toma unas espectaculares fotografías del príncipe Felipe en la isla caribeña de Saint Martin. Había viajado allí de vacaciones con su primo Pablo de Grecia y su todavía por entonces novia, la norteamericana Marie-Chantal Miller, la «gran amiga» de Letizia, la misma que de ella dijo que había mostrado «lo peor de su cara». Con ellos viajaba también otra joven amiga, Gigi Howard, a quien querían emparejar con Felipe. ¡Y claro que lo consiguieron! ¡Y hasta qué punto! Se bañaban juntos, él la llevaba sobre sus hombros desnudos y se hospedaban en uno de los bungalós situados en la playa del hotel, a un precio medio de cien mil pesetas diarias.

Y allí el reportero español logró el sensacional documento gráfico que dio la vuelta al mundo. Las fotos podían tener todas las lecturas que se les quisiera dar, pero eran las primeras que se tomaban de Felipe con una joven en actitudes tan íntimas y cariñosas desde aquellas, también famosas, con Isabel Sartorius en la embarcación Njao, en agosto de 1980, en aguas de la isla Cabrera, donde Isabel aparecía extendiendo crema sobre el torso denudo de un jovencísimo príncipe.

Fue la prensa internacional la que tomó el romántico testigo de la española, a la que había dedicado varios números por la aventura americana del príncipe. *Paris Match* y *Point de Vue* se referían en portada al «loco amor del príncipe Felipe por Gigi».

A propósito de Gigi, un tribunal de Nueva York condenó al reportero español a una pena de seis meses de reclusión en un penal de la Gran Manzana por haber pinchado el teléfono de la joven. La Casa Real española pensó que no era tan malo que la prensa escarmentara, en este caso, por la intromisión en la vida privada del heredero de la Corona, con la esperanza de evitar así que pudiera repetirse el drama. Porque lo de Gigi fue tan solo una aventura.

Pero, de repente, un año y medio después, un presunto noviazgo de Felipe, ¡uno más!, con la bellísima princesa Tatiana de Liechtenstein —ella contaba veintidós años; él, veintiocho— reavivó el tema de la vida sentimental de este principesco donjuán que emergió con la fuerza de un volcán. Tatiana era rubia, con los ojos azules, sana como una manzana, de probada moralidad, sencillez, discreción y, además, rica, muy rica, como hija de los príncipes soberanos Hans Adam y María de Liechtenstein. No hay duda de que se trataba de un prototipo único, con un pedigrí excepcional; un modelo de princesa que cualquier Casa Real gustaría de incorporar, con vistas a un enlace matrimonial con el heredero. Sin embargo, por todo lo que hemos visto, es evidente que entonces Felipe tiraba al monte de la vulgaridad, prefiriendo otro tipo de mujeres. Aunque la verdad es que, en este caso concreto, fue Tatiana, muy molesta con quienes la unían sentimentalmente con el heredero a la Corona española, la que tuvo que salir a la palestra y decir que no había nada entre ellos y que, además, ¡no le gustaba!

Nadie de la familia de Felipe —ni su abuelo, el conde de Barcelona; ni su padre, el rey Juan Carlos— tardó tanto en casarse. Su padre lo hizo con veinticuatro años; su abuelo, don Juan, con veintidós, y su bisabuelo, Alfonso XIII, con veinte. Felipe no solo tenía edad para amar cuando conoció a Letizia, sino incluso para estar ya casado.

# CAPÍTULO 25

## *Felipe y su padre*

La historia sentimental del rey Juan Carlos y su hijo Felipe define a la perfección, en lo referente a la pasión por las mujeres, el famoso refrán «Unos tienen la fama y otros cardan la lana».

De todos es sabido que a don Juan Carlos se le atribuye, posiblemente con razón, una pasión incontrolada por el sexo, al igual que a todos los Borbones, como bien me reconoció la reina Victoria Eugenia en la entrevista que me concedió en su exilio de Lausanna y a la que ya he aludido en un capítulo anterior. No solo se refirió a su nieto, sino también a su biznieto, al que amadrinó en su bautizo.

Sin embargo, que se sepa, al emérito solo se le ha relacionado con cinco mujeres: María Gabriela de Saboya, Olghina de Robilant, Bárbara Rey, Marta Gayá y Corinna Larsen. Todas ellas han sido consideradas públicamente por la prensa como «amigas entrañables» del rey. Entre las anónimas ocasionales puede haber decenas, aunque la cifra queda muy lejos de las mil quinientas que le atribuye mi amiga y compañera Pilar Eyre, y, por supuesto, dista mucho, muchísimo, de las que el exmilitar y escritor Amadeo Martínez Inglés le asigna en su libro *Juan Carlos I. El rey de las cinco mil amantes.*

Así pues, mientras que a don Juan Carlos se le ha denostado por su fama de gustarle las mujeres y el sexo, su hijo Felipe, a lo tonto, es quien ha cardado la lana, como demuestra el prestigioso periodista José Apezarena en su documentadísima biografía *El príncipe. Cómo es el futuro Felipe VI* (Plaza y Janes, 2000), que le atribuye una pero que muy activa vida sentimental. A lo largo de 631 páginas, Apezarena ofrece un retrato exhaustivo de la vida y personalidad del actual rey, desde su nacimiento hasta el año 2000.

En la página 394 del libro, Apezarena aborda un tema apasionante al referirse a las quince novias y las decenas de modelos que fueron candidatas a casarse con Felipe, antes —añado yo— de que apareciera no una princesa, sino una simple y vulgar periodista, nieta de un taxista comunista, divorciada y con un aborto a la espalda —que, con el que tuvo del embarazo cuando conoció a Felipe, ya eran dos—.

A propósito de esta interrupción voluntaria de su embarazo, como ya comenté en *Letizia y yo*, ésta obligó a su primo David Rocasolano, y en presencia del entonces príncipe Felipe, a recuperar, por las buenas o por las malas, toda la documentación existente en la clínica Dator, donde había abortado —documentación que yo poseo—, para evitar que algún empleado del centro pudiera hacerla pública. «Si mi madre se entera, por supuesto que no habrá boda», dijo el irresponsable prometido de la desvergonzada novia, a pocos días de celebrarse con todo boato el enlace en la catedral de la Almudena. Detalle curioso éste en una mujer que escogió una sala de ayuntamiento y no un templo sagrado para efectuar su primer matrimonio.

A este respecto, cabe destacar lo que el cardenal que oficiaría su segunda boda le preguntó a la novia: «Me gustaría saber por qué se casa hoy por la Iglesia, cuando en su anterior ocasión lo hizo por lo civil». A lo que Letizia respondió: «Porque, en esta ocasión, con Felipe he visto la luz». Su Eminencia Reverendísima no le preguntó a qué clase de luz se refería, aunque hubiera sido muy interesante conocer qué es lo que quiso decir con aquella mística frase. Posiblemente, se trata de un escudo para no dar explicaciones vergonzosas y sin ningún sentido.

# CAPÍTULO 26

# Los vergonzosos silencios de doña Sofía

No se entenderá jamás el bochornoso silencio de doña Sofía ante las continuas humillaciones por parte no solo de su marido, sino también de su hijo, pero, sobre todo, de su nuera.

La historia del rey Juan Carlos es un folletín en toda regla, incluida la escandalosa conducta amorosa del protagonista. En este folletín, real como la vida misma, participan el hijo, que lo expulsó de casa; la nuera, que siempre lo ha odiado, y el presidente del Gobierno, que aspira a convertirse en presidente de la República.

En todo este dramático culebrón, llama la atención el silencio, desde el primer momento, de la persona supuestamente más afectada, por ser todavía la sufridora esposa, si bien se sabe que el fatídico día en que su esposo era expulsado de su casa, de Zarzuela y de su país, España, a ésta se la vio de compras tranquilamente en unos grandes almacenes.

Cierto es que a doña Sofía no se le ha oído nunca quejarse de su complicada relación matrimonial. Al menos, que se conozca. Aunque yo sé, por confidencia de mi amigo, el querido e inolvidable general Sabino Fernández Campo, que en una ocasión doña Sofía hizo frente a su marido con cierta dignidad en el fragor de una riña entre ambos, después de que éste, lleno de ira, le hubiera gritado: «¡Te odio! ¡Te odio!». A lo que ella respondió: «Ódiame, pero fastídiate, que no te puedes divorciar».

No hay duda de que la convivencia aporta mucha vulgaridad a la vida matrimonial de un hombre y una mujer, y mucho más si se trata de una relación mal avenida, como la de Juan Carlos y Sofía. Aunque ella, como su antecesora, la reina Victoria Eugenia, es una mujer leal hasta las últimas consecuencias, a diferencia de Letizia, infiel hasta antes de casarse y durante el matrimonio. La reina emérita reconoce, inexplicablemente, que su comportamiento es el precio que debe pagar por otras «compensaciones» (que yo desconozco). Pero ¡a qué precio!

Ignoro si doña Sofía es una mujer tercamente decidida a cumplir con su ¿deber? Es tan pragmática que en modo alguno se compadece de sí misma por la dramática situación que está viviendo; una situación que debe estar afectando a su dignidad por su condición de mujer engañada públicamente. Como a su hijo.

¿A qué esperan los dos para divorciarse o separarse oficialmente? Les va en ello la dignidad, si es que tanto a ella como mujer y a él como hombre les queda alguna.

# CAPÍTULO 27

## *Las monarquías en crisis*

Cuando el 8 de septiembre de 2022, en pleno Jubileo de Platino, fallecía, a los 96 años de edad, Su Graciosa Majestad Británica la reina Isabel II, no pude evitar recordar las palabras del rey Faruq de Egipto. Como recordarán los lectores, fue depuesto el 23 de julio de 1952 por los generales Naguib y Nasser, y expulsado del país. Con ello, no solo perdió el trono, sino la nacionalidad. Meses después, lo encontré en Montecarlo, dedicado a sus dos grandes placeres: las mujeres y la comida. Lógicamente, decidí entrevistarlo. Mi primera pregunta no podía ser otra que el secreto de su felicidad después de haber perdido tanto. Él contestó: «No me preocupa en absoluto haber dejado de ser rey de Egipto porque, tarde o temprano, más temprano que tarde, en el mundo solo quedarán cinco reyes: los cuatro de la baraja y ¡la reina de Inglaterra!».

Con todo lo que está pasando en la Familia Real británica: un rey imposibilitado para desempeñar sus

obligaciones a causa del cáncer que se le ha diagnos-
ticado; la princesa de Gales igualmente con cáncer;
el príncipe Andrés repudiado por la familia, debido a
denuncias por abusos sexuales a una menor a la que
tuvieron que compensar con 10 millones de euros (y
todavía no ha terminado la historia), y otro príncipe
Windsor, Harry, huido del país para refugiarse en Cali-
fornia, donde ha escrito un demoledor libro contra su
familia, mientras su esposa se dedica a vender ropa de
cama, champú para perros y tijeras para el jardín. Y
una prensa exigiendo que la Familia Real hable menos
de injerencias y se preocupe ante todo de mejorar su
propio comportamiento.

## SUECIA

Las proféticas palabras del rey Faruq pueden aplicarse
también a otras monarquías con problemas similares
o peores que la británica o la española. Como la de
Suecia, donde acaba de publicarse —sí, publicarse—
un escandaloso libro, *Carlos XVI Gustavo, el rey reticente*,
sobre las aventuras sexuales del actual soberano, el rey
Carlos Gustavo, en los prostíbulos de Estocolmo, inclu-
yendo varias entrevistas con mujeres que habían man-
tenido relaciones sexuales con el soberano.

Después ha habido un segundo libro, *Carlos Gustavo,*
*monarca a su pesar*, que recoge la aventura sentimental
del rey con la cantante Camila Henemark, dieciocho
años más joven que él. Además, el autor Thomas Sjö-
berg califica al monarca sueco como un mafioso. Yo,
que lo entrevisté en marzo de 1983, puedo afirmar que

Carlos Gustavo es un pobre hombre, tímido e incapaz de expresarse con fluidez, lo que obliga a la reina, su esposa, a actuar como la mamá protectora de su marido. Lo experimenté en el transcurso de aquella entrevista en el palacio de Estocolmo. A lo largo de mi encuentro, de más de una hora, el rey fue incapaz de responder a una sola de mis preguntas ni articular palabra. Ella era la encargada, con su propia voz, de interpretar los angustiosos y prolongados silencios de su esposo: «El rey dice…»; «El rey cree…»; «El rey piensa…». Ello, como resultado de la grave dislexia que padece.

## DINAMARCA

¿Y qué decir de la monarquía de Dinamarca, donde todavía se habla y se hacen publicaciones de la aventura sentimental del hoy rey Federico, cuando era príncipe heredero, en Madrid, con la mexicana Genoveva Casanova, y que obligó a la reina Margarita a abdicar en su hijo, con el deseo de reconducir su vida sexual, que tanto estaba afectando a su matrimonio con la consorte Mary?

## NORUEGA

Y en Noruega, el rey Harald, el más longevo de las monarquías europeas, quien durante su juventud fue barajado por la celestina reina Federica de Grecia como candidato a la mano de su hija Sofía, estando de vacaciones en Malasia, tuvo que ser trasladado en un avión medicalizado tras contraer una infección que exigió la implantación de un marcapasos temporal, ya que presentaba una bajísima frecuencia cardiaca. El primer ministro noruego Jonas Gahr Store, en un ejercicio de transparencia política, informó que el coste de repatriar al monarca fue de dos millones de coronas noruegas (175.000 euros) con cargo a las Fuerzas Armadas.

Y qué decir de su hija Marta Luisa, quien se sigue considerando princesa, después de provocar el gran escándalo en su país por el anuncio de su boda con el controvertido chamán negro Durek Verrett. ¡La que está montando con todas las exigencias a sus invitados en cuanto a *outfit*, pagos de hoteles, etc., como si de una boda real se tratara!

Curioso resulta renunciar a las exigencias que conlleva ser miembro de la familia real, pero comportándose como si no lo fuera y viviendo a costa de la Corona.

## HOLANDA

La monarquía de los Países Bajos, una de las más populares fuera de sus fronteras holandesas, atraviesa uno de sus más graves problemas: la caída de la popularidad. Las encuestas de los últimos años no mienten, la institución tiene cada vez menos aliados entre la población y la cifra no hace más que bajar. El refugio veraniego de Guillermo y Máxima en su villa griega, valorada en 4,5 millones de euros, en plena pandemia, ha afectado negativamente a la popularidad de los reyes. Despertando tal oleada de indignación que se vieron obligados a pedir disculpas públicamente. Tres años después, la desconfianza sigue en aumento. Así lo ha desvelado una encuesta en la que la Familia Real apenas cuenta con el apoyo de un 54 % de los ciudadanos. Con manifestaciones, pancartas en contra de Guillermo y abucheos.

## BÉLGICA

La opinión pública siempre ha considerado la monarquía de Bélgica «aburrida». Sobre todo, después del reinado de Fabiola y Balduino, «la imagen de la pareja perfecta durante décadas», según Fátima Díaz. Pero, cuando el rey Alberto II se vio obligado a reconocer a una hija, Delphine Boel, nacida de su relación extramatrimonial con una baronesa belga, Sybille de Selys Longchamps, en 1967, como legítima princesa belga, los escándalos en la corte se sucedieron. También avivaron la llama las infidelidades de su esposa, Paola Ruffo di Calabria, con un fotógrafo de la revista *Paris Match*, de quien se dijo que era su amante, aunque se llegó a hablar de que realmente se trataba de la venganza de la bellísima princesa italiana contra su marido, un reconocido donjuán. Por todo el mundo era conocida su afición por «las mujeres de alterne». Una de éstas lo metió en líos en Cannes, en 1998, robándole la billetera mientras dormía.

Cuando falleció el gran rey Balduino en 1993, Paola y Alberto se convirtieron en reyes, reconduciendo sus respectivas vidas y olvidando sus adulterios.

Pero, como cuenta Fátima Díaz, especialista en el tema, los escándalos siempre han perseguido a la Familia Real belga. Un libro titulado *Question Royale* (*Asuntos reales*), del periodista Frederic Deborsu, exponía una presunta homosexualidad del hoy rey Felipe de los belgas, hijo de Paola y Alberto. Según el autor, cuando Felipe tenía treinta y nueve años, aún no se había casado porque parecía tener problemas con las mujeres, hasta el extremo de que la dulce princesa Matilde accedió a contraer matrimonio con él en una boda de conveniencia. Al parecer, «entre ellos no hay afinidad», comenta Deborsu. A pesar de ello, han tenido cuatro hijos: Isabel, Gabriel, Manuel y Leonor. «Y la pareja parece muy bien avenida, al menos esa es la imagen que dan o quieren dar», apunta el periodista.

Ítem más: el príncipe Laurent, considerado la oveja negra de la familia, protagonizó en 2006 el escándalo más sonado al desviar fondos de la Armada belga, de la que es altísimo oficial, para pagar la renovación de su casa de vacaciones. Además, en otra ocasión, hizo pasar como gastos estatales los costes de sus vacaciones familiares, facturas de supermercados y los gastos escolares de sus tres hijos. ¡Una prenda de príncipe!

## LUXEMBURGO

Luxemburgo puede considerarse como uno de los países más pequeños pero más ricos de Europa, y los titulares de la monarquía, los grandes duques Enrique y María Teresa, también. Pero, a pesar de tanta riqueza, éste no es un paraíso exento de graves problemas, como se puso de manifiesto con el informe Waringo, encargado por el primer ministro Xavier Bettel, y en el que se desvelaba el autoritarismo de la gran duquesa, nada que ver con su marido, el gran duque Enrique, jefe del Estado desde el año 2000, como lo fueron su padre, el gran duque Juan, y su abuela, la famosa gran duquesa Carlota, considerada como una heroína de la lucha contra los nazis.

La gran duquesa María Teresa Mestre, cubana de nacimiento, fue una de las primeras «Letizias» que aparecía en una corte europea, originando varios conflictos por su manera de ser y comportarse, hasta el extremo de que la Familia Ducal tardó cuatro años en aceptar a la «criolla». La propia María Teresa confesó que su suegra, la gran duquesa Josefina Carlota, «la despreciaba por su nacionalidad y su origen». Tras el informe Waringo, muy crítico con la consorte y «un auténtico desastre para ella», ésta ha sido apartada de la toma de decisiones. Por su culpa, durante el último lustro, 51 de los 110 empleados a su servicio han sido despedidos o han dimitido por la presión a la que la gran duquesa los tenía sometidos. A su marcha, alegaban padecer «un sentimiento de desasosiego en la manera de concebir las relaciones humanas profesionales o privadas [...]». Y añadían: «El ambiente en la "jaula dorada" del palacio es muy desagradable. Todo el personal está para atender en todo momento los deseos y caprichos de la gran duquesa».

Lógicamente, el gran duque Enrique ha salido en defensa de su esposa: «¿Qué sentido tiene atacar a una mujer?», se ha preguntado en la página web del Gobierno.

Pero ésta no es la primera vez que la gran duquesa protagoniza un escándalo. En 2002, invitó a todos los medios de comunicación para hacer una impactante declaración: «Mi suegra quiere romper mi matrimonio. Y me llama la Pequeña Cubana, difundiendo chismes contra mí».

¡Qué poca categoría tiene la gran duquesa! Llevaba razón su suegra al calificarla no de «gran», sino de «pequeña», que lo es.

## ESPAÑA

¿Y de la monarquía española qué sabemos? Al querido Álvarez, compañero mío que fue en *El Mundo*, me gustaría informarle que en el Reino Unido, por ejemplo, no existen pactos de silencio ni ley *super-injunction*, que, por si no se sabe, es esa orden judicial inmediata que impide hacer públicas informaciones que, en teoría, atentan contra la privacidad de la Familia Real y protege a la Corona. No te confundas con la monarquía española, de la que eres tan cortesano, porque la Familia Real debería preocuparse, ante todo, de mejorar su propio comportamiento y dejar de mentir a la sociedad, invadiendo de desconfianza a los ciudadanos con esas formas de actuar tan increíbles, tan teatrales, después de la infidelidad, no presunta, sino continuada, de Letizia, antes, durante y después de su matrimonio, y que en tan mal lugar deja a Felipe VI. Con esa increíble conducta de que «no pasa nada», habiendo pasado tanto. Solo puedo pedir que dejen de hablar de injerencias indebidas de la prensa, afortunadamente para ellos tan respetuosamente cortesana.

## MÓNACO

De Mónaco... mejor no hablar.

# CAPÍTULO 28

## *El jefe de la Casa era... ella*

La ausencia del rey Juan Carlos en el solemne acto conmemorativo del 40 aniversario de la Transición fue lo que ahora se ha dado en llamar, ridículamente, el *trending topic* informativo de la semana. «Ha sido el error más grave de estos tres años de reinado», comentaba Iñaki Gil. Nos avergonzaría expresar algunos de los motivos porque, como escribió alguien, «no se trata de razones sofisticadas, sino de andar por casa», esas que llamo «demonios familiares, miserias humanas». «De soberana estupidez haberle obligado a seguir por televisión el acto del Congreso», escribió Luis Herrero. Y para Ignacio Camacho se puso de manifiesto «un ruidoso debate sobre la ingratitud, incluso en la Familia».

Pienso que Felipe desaprovechó una gran oportunidad para demostrar que la Familia Real seguía siendo lo que, de un tiempo a estos años, parece que no es. Quizá por ello el compañero Arcadi Espada calificó el gesto de Felipe VI de «desdichadamente personal».

Mucho me temo que todos los que culpábamos a Felipe o a Jaime Alfonsín, entonces jefe de la Casa de Su Majestad, estábamos equivocados. Pienso que el hijo, aunque motivos personales pueda tener —que los tiene—, no es capaz de alzarse contra su padre. Felipe es una buena persona, sin esfuerzo, aunque un pobre hombre, sin carácter, sobre todo a lo que Letizia se refiere. Lo estamos viendo últimamente con las infidelidades de su esposa. Perdió la batalla aquel día importante en la presentación oficial del noviazgo a la prensa del mundo, cuando ella sorprendió a todos, empezando por Felipe, interrumpiéndolo, diciendo aquello de «Déjame hablar a mí», un gesto del que ya hablamos ampliamente en *Letizia y yo*.

Por su parte, Jaime Alfonsín es un hombre discreto y callado, que no hablaba por no molestar y que no tenía nada que ver con el inolvidable general Sabino Fernández Campo.

¿Quién fue entonces el responsable de la ausencia de don Juan Carlos?, se preguntará el lector. Solo nos queda una persona: Letizia, la entonces auténtica «jefa de la Casa», en el más amplio y exacto sentido de la palabra. Además, su relación con el real suegro nunca fue buena ni fluida. No olvidemos las palabras del rey Juan Carlos a Miguel Primo de Rivera en la tarde del 1 de noviembre. Encontrándose éste de cacería en Jerez, se vio obligado a regresar inmediatamente a Madrid, cuando Felipe y Letizia habían decidido que el rey anunciara la boda de su hijo con la periodista. «Mi hijo se va a cargar la monarquía», le dijo a su anfitrión jerezano antes de tomar el avión para regresar a Zarzuela.

Al rey su futura nuera no le gustaba ni mucho, ni poco, ni nada. Ítem más: lo mejor que decía de ella era que le parecía «una chica muy lista», con toda la carga peyorativa que estas palabras tenían.

¿Y qué quieren ustedes, queridos lectores, que les diga que no hayan advertido ya en la tele? Letizia mandaba mucho. Y además, no lo disimulaba. A veces parecía que ella era la titular y la jefa de la Casa de Su Majestad, y no el buenazo de Alfonsín, ya fuera de la Casa y reemplazado por Camilo Vilarino, aunque nombrado consejero de Felipe.

Pero ahora todo parece distinto. ¿Qué ha sucedido para el radical cambio que se ha producido, viéndola tan «sumisa», tan simpática, tan sonriente en todas sus comparecencias públicas? Otra cosa será en la intimidad de Zarzuela, reconvertida en un auténtico infierno, donde nadie habla con ella, ni ella con nadie, empezando por su todavía marido, y mucho menos con su real suegra, a la que nunca quiso. ¿Y qué decir de las cuñadas? Con ellas ni se habla.

# CAPÍTULO 29

## *¿Por qué se tapaba la cara?*

Sucedió en el vuelo IB 6253 Madrid-Nueva York. A las 16:35 horas del 21 de noviembre de 2012. Entre los pasajeros de *business* estaba el ilustre pintor Cristóbal Toral, que viajaba a Estados Unidos para la presentación de un gran cuadro suyo adquirido por el Hood Museum of Art de Dartmouth.

Cuando llevaba dos horas de vuelo, Toral tuvo necesidad de ir al baño. Al regresar a su asiento, la vio. Mejor dicho, creyó haberla visto. Creyó que aquella señora, sentada en la primera fila junto a un acompañante masculino, que, al verlo, se cubrió el rostro con sus dos manos, era ella. Pero el hecho de taparse la cara le hizo dudar, a pesar de que hacía poco tiempo habían coincidido en una recepción en la Embajada de España ante la ONU, donde estuvieron charlando durante largo rato, demostrándole ella la admiración por su pintura. Intrigado, decidió repetir la visita al lavabo. Cuando regresaba de nuevo, ella, al verlo, no solo volvió a cubrirse, sino que dirigió la cabeza hacia la ventanilla. El maestro no tuvo el valor o el descaro de preguntarle por qué le estaba negando el saludo o por qué trataba de ocultarse. «Si me hubiera pedido no decir nada, nada hubiera dicho. ¿Por qué tanto misterio?», se cuestionaba Cristóbal Toral, que no era un *paparazzi*, sino un gran artista, a quien poco le importaba que ella viajara a Nueva York en compañía de ¿Jaime del Burgo?

En mi libro *Letizia y yo* aparece una fotografía de Letizia con Jaime, precisamente en la ciudad de Nueva York... ¡Qué casualidad!

# CAPÍTULO 30

## «*¡Quítate las gafas!*»

El desfile del Día de la Hispanidad que se celebró en Madrid el 12 de octubre de 2017 no fue un buen día para Felipe. Apenas veinticuatro horas antes, el 10 de octubre, había fallecido, con sesenta y cuatro años, víctima de un cáncer, José María Corona, el hombre que lo había protegido desde que tenía dieciséis años como su jefe de seguridad. También durante el desfile se conoció la muerte del capitán Borja Aybar al estrellarse el Eurofighter en la base de Los Llanos en Albacete, cuando regresaba de haber participado en la exhibición aérea. Pienso que debía haberse suprimido la copichuela que siguió al besamanos en el Palacio Real. Por respeto al piloto y al amigo fallecidos.

Mi atención estuvo, sobre todo, en la llegada de la Familia Real. Por primera vez, mi querida, que lo era, exvicepresidenta Soraya Sáenz de Santamaría no realizó la reverencia ni a Felipe ni a Letizia. Tampoco lo hizo la presidenta del Congreso de los Diputados, Ana

Pastor. Y de las ministras, que yo viera, solo dos hicieron el humillante y cortesano *plongeon*: mi Dulcinea, María Dolores de Cospedal, ministra de Defensa, e Isabel García Tejerina, ministra de Agricultura.

Hay que reconocer que, sobre la tribuna real, caía a esa hora lo que se dice un sol de justicia. A pesar de ello, Letizia no sacó sus gafas de sol. A lo peor, recordaba aquella ocasión en la que su real suegra, la reina Sofía, le exigió, le ordenó, porque entonces podía, quitárselas, cuando la vio aparecer oculta bajo unas lentes opacas ante la prensa en el Club Náutico de Palma, ciudad que ella «ama» tanto.

A lo que sí recurrió Letizia aquel jueves en el desfile fue al abanico. Ignoro si lo llevaba en el bolso o se lo pidió a Jaime Alfonsín. Pero, en cualquier caso, lo usó por poco tiempo, solo mientras Felipe realizaba la ofrenda de la corona. Porque, al regreso de éste a la tribuna, y pensando que el sol caía para todo el mundo, sin posibilidad de abanicarse ni estar bajo el toldo de la tribuna, le dijo a Letizia: «Guarda el abanico».

Ni en la tribuna ni en el interior del Rolls Royce en el que llegaron se libró Letizia de que la fiscalizara su marido. Fue el primer año que se ausentaron los reyes eméritos, Juan Carlos y Sofía, y la infanta Elena, y el primero también en el que Felipe y Letizia, en compañía de sus hijas, presidieron un desfile.

# CAPÍTULO 31

## *Las Letizias y los Letizios*

Cuando, el 15 de diciembre de 1960, Fabiola y Balduino se casaban, rodeados del fervor popular y el aplauso de todo el mundo, nuestra compatriota se convertía en la primera «Letizia» de las monarquías europeas, salvando las distancias con algunas otras.

Desde entonces, varias jóvenes del pueblo sencillo y llano, «ajenas al trajín histórico de tanta sangre mal mezclada, [...] han sido capaces de lograr, no sabemos por cuánto tiempo, sostenerse en el tinglado de las monarquías» (Antonio Lucas *dixit*) y se han ido convirtiendo en «Letizias» por sus matrimonios, en algunos casos, de corta duración, pero sin duda rentables. No siempre se han conocido los motivos de estos matrimonios: ¿amor?, ¿pasión?, ¿interés económico?

Repasando la lista de los protagonistas de este capítulo, encontramos que el número de «Letizios» es superior al de «Letizias». Porque ellos también se han casado por amor, por interés o ¡vaya usted a saber! Veamos algunos casos.

La primera «Letizia» que destacamos, años antes que Fabiola, fue la actriz norteamericana Grace Kelly, cuando el 18 de abril de 1956 se desposa con el príncipe Rainiero III de Mónaco. Tres años más tarde, y un año antes que nuestra compatriota, es mi admirada amiga Farah Diba quien contrae matrimonio, el 28 de diciembre de 1959, con Mohamed Reza Pahlavi, el poderosísimo sah de Persia en aquellos años. Y la bella italiana Paola Ruffo di Calabria se convierte en una polémica «Letizia» principesca un 2 de julio de 1959, tras casarse con el príncipe Alberto de Lieja, no menos polémico por sus infidelidades.

En la década de los sesenta, el fotógrafo Antony Armstrong-Jones se convierte en «Letizio» al contraer nupcias, el 6 de mayo de 1960, con la princesa Margarita de Inglaterra; un matrimonio que acabó en divorcio. Dos años después, el 21 de enero de 1962, la española Margarita Gómez Acebo se convierte en «Letizia» al casarse con el rey Simeón de Bulgaria. Y el 10 de marzo de 1966, un alemán, antiguo miembro de las Juventudes Hitlerianas, Claus von Amsberg, causa sorpresa e indignación en Holanda, tan masacrada por las tropas nazis durante la guerra mundial, casándose con la princesa heredera Beatriz, quien, al convertirse en reina de los Países Bajos, hace de Claus uno de los tres consortes más famosos de las monarquías, junto con Felipe de Edimburgo, esposo de la reina Isabel II de Inglaterra, y Henri de Montpezat, el diplomático francés que el 10 de junio de 1967 se convierte en el «Letizio» de Margarita de Dinamarca. Y ese año, el 4 de mayo de 1967, el español Luis Gómez Acebo se casa con la infanta Pilar de Borbón, hermana del rey Juan Carlos, pasando a ser el primer «Letizio» de la Familia Real española. Años después, un ilustre y jovencísimo cardiólogo, Carlos Zurita, se casaría, el 12 de octubre de 1972, con la otra infanta, Margarita de Borbón, con lo que Carlos sería el segundo «Letizio».

El 29 de agosto de 1968, no una periodista, sino una simple costurera de Oslo, Sonia Haraldsen, se convierte en una «Letizia» casándose con el heredero de Noruega, quien, años más tarde, la haría reina, como Felipe a Letizia. Y el 19 de junio de 1976, una azafata alemana de congresos de origen español, Silvia Sommerlat Toledo, sorprende al mundo contrayendo matrimonio con el rey Carlos Gustavo de Suecia, a quien había conocido en los Juegos Olímpicos de Múnich de 1972. Año en el que la española Carmen Martínez Bordiú se convierte en toda una «Letizia» al casarse, el 8 de marzo, con Alfonso de Borbón Dampierre; un matrimonio político y polémico que acabó pocos años más tarde en divorcio.

El 28 de junio de 1975, un cubano exiliado llamado Jorge Guillermo se convierte en «Letizio» de mucho mérito al desposarse con la princesa ciega Cristina de Holanda. Años después, también se divorciarían.

La década de los setenta todavía nos sorprendería con la llegada de dos grandes «Letizios». En primer lugar, hablaremos de Mark Phillips, quien, el 14 de noviembre de 1973, se casó con la princesa Ana, la única hija de la reina Isabel de Inglaterra, por lo que fue un acontecimiento histórico para la Familia Real británica. Era la primera de sus cuatro hijos en casarse, y lo hacía con un «plebeyo». El matrimonio duró casi veinte años. En 1992, se divorciaba para casarse con Timothy Laurence, otro «Letizio». Pero no fue ésta la única descendiente de Isabel II de Inglaterra que aportó «Letizios» a la Casa Real. También tenemos al príncipe Andrés, con Sarah Fergusson, y al príncipe Eduardo, todavía hoy casado con Sophie Helen Rhys-Jones, actual Sofía de Edimburgo.

Y en 1978 encontramos al más «Letizio» de todos, el *playboy* sin título alguno Phillip Junot, el cual se casó nada menos que con Carolina de Mónaco el 29 de junio. «No me felicites, mejor dame el pésame», dijo el padre de la novia, el gran Rainiero. Con toda la razón. Este matrimonio apenas duró dos años. Se divorciaron en mitad del escándalo, mientras la pobre Grace solicitaba al Vaticano la nulidad de aquel polémico enlace. Luego, la vida sentimental de Carolina sería una cuesta abajo de fracasos.

Solo nos queda recordar a las dos más grandes «Letizias» de nuestra historia. La primera, por cronología, fue Diana Spencer, la desgraciada exmujer del príncipe Carlos, cuyo enlace se celebró el 29 de junio de 1981. La que fue princesa de Gales, tan querida por el pueblo, llegó a declarar en la BBC: «En mi matrimonio éramos tres», en referencia a la que sería la segunda «Letizia» del actual rey de Inglaterra, Camilla Parker Bowles, de quien siempre estuvo enamorado. Por lo que respecta a Diana, cuando su vida empezaba a reconstruirse tras su divorcio con Carlos, la perdió junto con la de su amante, un rico *playboy*, en un lamentable accidente de coche, huyendo de los fotógrafos.

# CAPÍTULO 32

## *¡Y Letizia!*

Pero, sobre todo, la gran «Letizia» de todas las «Letizias» que han llegado a las monarquías siempre será Letizia Ortiz Rocasolano, la periodista de clase media, «más bien baja, una periodista sin especial pedigrí, en realidad, sin ningún pedigrí en la profesión», según Jesús Cacho, y de quien en los medios internacionales se ha dicho que pertenece a la *ordinary people*. Un bello rostro de televisión «que daba una imagen hermosa, sencilla y distante», a juicio de las periodistas Ángela Portero y Paloma García Pelayo, y que ha resultado ser «una fulana muy lista», según reconoció Joaquín Sabina, como hemos comentado. Lo que se ignoraba es que arrastraba una apasionada vida sentimental que mantuvo, al parecer, también después de casada. «Cierto es que, a veces, esas informaciones hay que recibirlas con todas las reservas, comprobarlas hasta donde se pueda y publicarlas, cuando se duda, como rumor, antesala de la noticia», palabras mías repro-

115

ducidas por las compañeras Ángela y Paloma en su libro *Tú serás mi reina*. Y es lo que he hecho cuando me llegó el rumor de la existencia de Jaime del Burgo, con quien me puse en contacto. Fruto de aquellas conversaciones fue mi libro *Letizia y yo*, que solo recoge una pequeña parte de las confidencias que me hizo. Este otro libro que el lector tiene en sus manos puede considerarse como continuación del anterior, en el que reflexiono sobre todo lo que ha sucedido después de las revelaciones de mi tocayo, Jaime del Burgo, quien, como ya he adelantado, se encuentra escribiendo un libro de su puño y letra que pronto verá la luz.

¿Está preparada ella? ¿Está preparado él? ¿Están preparadas las hijas? ¿Está preparada la opinión pública? ¿Se podrá seguir con las representaciones teatrales de esos falsos comportamientos en los que nadie cree?

Y como dijo alguien que sabía lo que escribía: «Que sea el periodismo quien cargue con la cuenta del futuro de la dinastía».

«El ataque frontal y puesta en plaza pública de la relación ha acabado por arruinarla», según el político Joaquín Leguina. Y el periodista Ignacio Camacho, con sabias palabras, añade:

No harán público su disgusto ni admitirán su revés ante el viento de la historia. Llegado el momento, inclinarán la cabeza con una fidelidad desprovista de desencanto. Respetemos su silencio como homenaje a su sacrificio ante el impulso renovador de una historia que no les ha hecho justicia. Y démosle las gracias por hacerlo con tan discreto señorío.

# CAPÍTULO 33

## *Para frenar los rumores*

Según la compañera Shareni Pastrana, desde que estallaron los rumores de la razonable crisis matrimonial de Felipe y Letizia al conocerse la infidelidad de la consorte real y sus relaciones adúlteras, es lógico y natural que se manifestara en los dos, a través de sus gestos, el impacto que la noticia les había producido. «Tanto a ella como a él se les notaba cabizbajos e incluso molestos entre sí». Y físicamente afectados. Ella, desestabilizada emocionalmente. Él, avergonzado. Y los dos, preocupados, posiblemente no solo por lo que los ciudadanos podían pensar cuando los veían —indignación sobre ella más que justificada y pena de él por la situación en la que su esposa lo ha colocado como marido engañado—, sino porque, en cualquier momento, alguien violento y maleducado pudiera llegar a gritarles lo que no querían oír. Por supuesto, a consecuencia de lo sucedido recientemente, todo el mundo pensaba en un posible divorcio real.

Pero de ello también se ha logrado extraer cierta secuela positiva, si es que de tan gravísimo engaño puede resultar algo favorable: un cambio total de Letizia, a quien el escándalo por sus infidelidades públicas, como es evidente, la ha desestabilizado totalmente.

Las declaraciones de Jaime del Burgo y el contenido de mi libro *Letizia y yo*, con informaciones facilitadas por el amante de la consorte real, le han afectado en su línea de flotación. Hundida ante la opinión pública, ya no puede permitirse el lujo de aparecer con ese gesto prepotente, soberbio y distante que era algo así como su seña de identidad.

Ahora se muestra simpática, cercana y siempre sonriente, y no solo con el personal, sino incluso con la prensa, enfrentándose a los rumores que aseguran que existe una fuerte crisis en el matrimonio que la Casa Real intenta frenar con una estrategia, que consiste en hacer ver al mundo que Felipe y Letizia se encuentran más enamorados que nunca, dejándose ver en numerosas ocasiones fuera de Zarzuela (otra cosa es lo que suceda de puertas para adentro), paseando casualmente por Madrid y llegando incluso hasta el cine Doré, en el céntrico barrio de Antón Martín, como cualquier otra pareja, en cómodos vaqueros y zapatillas deportivas. O acudiendo a cenar a un restaurante alejados del encorsetado protocolo que encierran los muros de palacio.

Pero no es más que postureo. Todo, puro teatro. Una pantomima con la que se pretende poner fin a las habladurías que sobrevuelan sobre la pareja y que parecen tener una sólida validez, pues, según mis fuentes, en Zarzuela, Felipe y Letizia no solo no comparten ya lecho ni mesa, sino que ni siquiera se hablan.

# CAPÍTULO 34

## «*Soy la madre de Letizia*»

Decía Oscar Wilde, a cuya cita he recurrido en varias ocasiones, que «los hijos comienzan por amar a sus padres y, cuando ya han crecido, los juzgan y, algunas veces, hasta los perdonan».

¿Habrá perdonado ya Letizia a su madre el bochorno que le hizo pasar, comportándose Paloma Rocasolano como una persona irresponsable y tramposa, escudándose en ella, su hija, para evitar una sanción, un suspenso o un expediente? Recordemos la triste y lamentable etapa de «Usted no sabe con quién está hablando. Soy la madre de Letizia».

Sin embargo, hoy dudo que doña Paloma pueda recurrir a esa frase para evitar una penalización. No está la situación familiar como para presumir de ser la madre de la polémica Letizia. Como tampoco creo que Leonor y Sofía alardeen de ser hijas de su madre.

Pero vayamos a la frase con la que titulamos este capítulo. Sucedió cuando mamá Paloma se estaba examinando de Historia y fue expulsada del aula al ser descubierta llevando más chuletas que en una carnicería. Como pretexto, se le oyó decir: «Soy la madre de Letizia». Ella, que con tanto afán y sacrificio había estado estudiando para poder tener algo de lo que hablar con su consuegra, mejor hubiera estado callada. Pero, sobre todo, sin la chuleta en la mano. El miedo le impidió ver que, esgrimiendo ser la madre de Letizia, lo único que hacía era añadir un agravante, que no atenuante o eximente, a su falta, la cual no hubiera pasado de leve si hubiera asumido su error en silencio.

De cualquier forma, y siendo justos, Paloma se ha convertido en una mujer discreta que intenta pasar bastante desapercibida. Y hoy más que nunca. No está el patio para presumir de hija…

# CAPÍTULO 35

## *Paola y Alberto, una historia parecida*

El 2 de julio de 1959, en la catedral de Santa Gúdula de Bruselas se celebraba la boda entre el príncipe heredero Alberto de Lieja y la princesa Paola Ruffo Di Calabria.

Ya se sabe eso de que una reina no puede tener pasado, porque el pasado siempre es presente. ¡Y vive Dios que Paola lo tenía! Aunque, a diferencia de Letizia, el día que se casó su pasado permanecía limpio como una patena. Ni novio siquiera se le conocía, mientras que Letizia no solo los había tenido, tantos como tres o cuatro, sino que había estado casada, e incluso estaba embarazada cuando conoció a Felipe.

Paola, como nuestra consorte real, era una preciosa muchacha de la que nadie sospechaba que sería el centro del mayor escándalo de las cortes europeas de aquellos años. A diferencia del dúo Letizia y Felipe, en el que solo ella ha sido la infiel, en el de Paola y Alberto fueron protagonistas de mutuas infidelidades y adulterios. Él, con una condesa belga, madre de esa hija bastarda, y ella, con otros muchos.

Pero ¿cómo y por qué comenzó el desamor de aquella pareja tan atractiva y, al parecer, tan enamorada? Parece que fue un caso similar al de Felipe y Letizia. En la historia de los dos matrimonios reales se repite un mismo patrón, pero salvando las distancias, ya que puede resumirse con estas palabras: donde las dan, las toman. Y es que, en el transcurso de los primeros años de casados, Paola estuvo dos veces al borde de pedir el divorcio. ¿El motivo? La relación adúltera de Alberto era tan seria e importante que incluso pensó en renunciar a todos sus derechos para emprender una nueva vida junto a la mujer que amaba.

Mientras tanto, Paola decidió pagar, lógicamente, con la misma moneda a su infiel marido, poniéndose el país por montera, sin importarle ni la familia, ni los reyes, ni el prestigio personal. Como Letizia.

Su conocida relación con el conde Albert de Munt, fotógrafo de la revista *Paris Match*, causó un auténtico revuelo. A diferencia de lo que está ocurriendo en España con el tema de Letizia y Jaime del Burgo, en Bélgica este hecho supuso un cisma para la monarquía. No olvidemos que los reyes reinantes eran entonces Fabiola y Balduino, dos santos.

Como consecuencia de estas infidelidades, los belgas llamaron de todo a Paola, quien también tuvo amores y amoríos con el cantante italo-belga Salvatore Adamo, con el que no le importaba que la vieran bailando muy amartelados y descalza en los locales nocturnos de Londres, París y Roma, e incluso en Bruselas. Era tal la pasión con Adamo que llegó a pedirle que compusiera para ella una canción, y el resultado fue *Paola, dulce Paola*. El escándalo fue tremendo en la corte belga. No era para menos, porque la letra de la canción era muy elocuente:

Paola, en el fondo del corazón conservo al igual
que una bella flor
el recuerdo de tu dulzura.
Hoy he visto de verdad una paloma frágil, amor.

Pero ahí no termina el descrédito para Paola. La catolicísima corte de Bruselas estuvo al borde del infarto cuando supo que la Guardia Suiza había impedido la entrada en el Vaticano a la princesa por su minifalda y su camiseta corta. En cambio, Paola no agachó nunca la cabeza ni trató de ocultarse de sus actos, como cuando, en septiembre de 1970, apareció abrazada a un barbudo con pantalones de campana en una solitaria playa de Porto Redondo, en Cerdeña.

Había tantos rumores acerca de Paola que incluso la prensa belga llegó a publicar que Laurent, el más pequeño de los tres hijos de los príncipes de Lieja, no era hijo legítimo de Alberto, sino de una relación extramatrimonial de Paola. Como aquí, en España, algún descerebrado ha dejado oír su voz pregonando que la infanta Sofía no es hija de Felipe, sino de Jaime... ¡Qué estupidez!

Mientras tanto, y a diferencia del rey Felipe VI, el príncipe Alberto no se quedaba cruzado de brazos y, ni corto ni perezoso, se liaba con la modelo Melize Menzies y la actriz Elizabeth Dulac.

Era un hecho que la corte no podía desembarazarse de Paola. Como aquí tampoco de Letizia, cuando se supo lo de sus amores adúlteros. Pero Fabiola y Balduino, tan justos, tan por encima del bien y del mal —nada que ver con Sofía y Juan Carlos, que encima están separados—, lograron hacer regresar al redil de la santa corte a la «pecadora» princesa italiana que había osado, como la periodista, romper las reglas del juego. Como primera medida, la obligaron a encerrarse en el ala derecha del palacio de Belvedere, mientras que Alberto ocupaba el ala izquierda.

Y de nuevo, aquel rostro dulce, más triste que nunca, volvió a aparecer en los actos donde se le requería, como si no hubiera pasado nada, habiendo pasado tanto. La felicidad o infelicidad de Paola nada importa, y mucho menos que se haya convertido en una reina sufridora. Lo más importante era guardar la compostura ante el público. Lo que sucediera tras las apariencias quedaba exclusivamente para la intimidad del matrimonio.

Tal parece la crónica de la actual situación de Felipe y Letizia, una reina que, como Paola, ha escrito una de las páginas más lamentables de la monarquía española, con reiteradas infidelidades, al menos, y que sepamos, con el mismo *partenaire*.

Con estas líneas intento explicarme a mí mismo lo que no se puede explicar, como diría Gabriel García Márquez, y espero que el lector permita que esta historia se arraigue en su memoria, aguardando el desenlace que tarde o temprano se manifestará. Se trata de una vista previa de lo que seguro está por suceder… y sucederá.

¡Dios salve al rey!